COORDENAÇÃO EDITORIAL
MAURICIO SITA
WAYNE PORTO COLOMBO

MOMENTO ZERO ZERO ZERO ZERO

O ponto de partida que mudará a sua vida

Copyright © 2020 by Literare Books International.
Todos os direitos desta edição são reservados à Literare Books International.

Presidente:
Mauricio Sita

Vice-presidente:
Alessandra Ksenhuck

Diretora de Projetos:
Gleide Santos

Diretora Executiva:
Julyana Rosa

Diretor de marketing e desenvolvimento de negócios:
Horacio Corral

Relacionamento com o cliente:
Claudia Pires

Editor:
Enrico Giglio de Oliveira

Capa:
Gabriel Uchima

Diagramação:
Gabriel Uchima
Victor Prado

Revisão:
Ivani Rezende

Impressão:
Impressul

Dados Internacionais de Catalogação na Publicação (CIP)
(eDOC BRASIL, Belo Horizonte/MG)

M732   Momento zero: o ponto de partida que mudará a sua vida /
Coordenadores Mauricio Sita e Wayne Porto Colombo. – São
Paulo, SP: Literare Books International, 2020.
152 p. : 14 x 21 cm

Inclui bibliografia
ISBN 978-85-9455-266-2

1. Recomeço. 2. Resiliência. 3. Autoconhecimento. 4. Sucesso.
I. Sita, Mauricio. II. Colombo, Wayne.
CDD 158.2

Elaborado por Maurício Amormino Júnior – CRB6/2422

Literare Books International Ltda.
Rua Antônio Augusto Covello, 472 – Vila Mariana – São Paulo, SP.
CEP 01550-060
Fone/fax: (0**11) 2659-0968
site: www.literarebooks.com.br
e-mail: contato@literarebooks.com.br

Sumário

Agindo no caos 5
Abiüd L. Prado Júnior

O peso das emoções 13
Aline Bitton

Como reprogramar a sua mente para gerenciar a ansiedade 23
Aline Horta

Do zero ao topo: como agir diante de cenários desafiadores? 31
Benito Costta

Tudo muda... e muda tudo! 39
Bruno Ferreira Alegria

O poder da decisão: resgate sonhos impossíveis 47
Chirley Tavares

Ser consciente coerente 55
Claudio Luiz dos Santos

Vencer sempre é possível 63
Gabryella Beatriz

Fé nos torna vitoriosos em nossas lutas 71
Léa Moreira

A importância do Sistema de Gestão Integrado em tempos de pandemia 79
Lúcio Paulo de Paula

Momento da decisão 89
Marcela Barros

Fazer parte de um mundo em constante mudança requer mudanças........... 97
Marcelo Amorim de Freitas

Estou florescendo. Você também pode!... 105
Márcia S. Pereira

Três momentos: sobre oportunidades e escolhas... 113
Maria Helena Lobão

O grande marco em minha vida: da cadeira de rodas ao *ironman*!........... 121
Shirley Caminha

Dê um *restart* na sua vida!... 129
Sidney Botelho

Reflorescer intensamente no EU na clínica comportamental da Psicologia..137
Sueli Teixeira

Sucesso: os processos da mente na tomada de decisão........................ 145
Wayne Porto Colombo

Capítulo 1

Agindo no caos

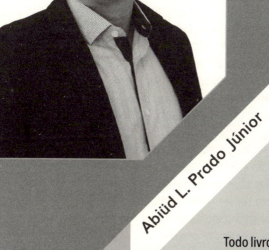

Abiüd L. Prado Júnior

Todo livro precisa desafiá-lo, incomodá-lo, sem isso não consegue fazer você refletir e aproveitar o que de melhor há inserido nele. Isso é o que vamos fazer, você e eu. Prepare-se para sair de sua zona de conforto, daquele lugar quente e confortável e entrar num mundo de tempestades, de abandono, de inquietação, ríspido e duro, mas também um mundo de coragem, um mundo de decisões rápidas, de ações levadas às últimas consequências, de força de vontade, de líderes e de realizações. Em resumo, o caos!

Abiüd L. Prado Júnior

Bacharel em Ciências Militares pela Academia Militar das Agulhas Negras (AMAN), Capitão do Exército, realizou os cursos de Paraquedista militar (CBPqdt86/1), de Combate em Montanha (Guia de Montanha) e também Batedor e Segurança de Autoridades. Foi instrutor no Centro Preparatório de Oficiais da Reserva de São Paulo (CPOR-SP) e Núcleo Preparatório de Oficiais da Reserva de Joinville (NPOR-JLLE). Possui pós-graduação em Política Internacional pela Fundação Escola de Sociologia e Política do Estado de São Paulo, pós-graduação em Didática do Ensino Superior pela Universidade Mackenzie e mestrado em Planejamento Empresarial pela Pontifícia Universidade Católica de São Paulo (PUC-SP). Foi professor convidado da USP e de pós-graduação da Universidade Mackenzie. Foi presidente da Associação Comercial dos Atacadistas do Pari e Canindé. É empresário no ramo de distribuição e importação. Palestrante especializado na área de Liderança e Atingimento de Metas e Objetivos.

Contatos
jr@fogoazul.com.br
WhatsApp: (11) 96676-6193

Caos significa desordem, confusão e profundo desequilíbrio. Numa situação de caos, o imobilismo é um sentimento corriqueiro. A sensação de alienação é aumentada por nossa visão de um enorme tsunami de problemas se avolumando em nossa porta.

Se você não fizer nada, o problema se ajusta sozinho? Não! Não se ajusta! Você está indo mal no trabalho? Fale com seu chefe, seja franco e direto. Fale que vai chegar mais cedo, fale que irá correr atrás e que está 150% comprometido. Dificilmente alguém vai dizer não, você não está fugindo, está mostrando uma saída, está mostrando audácia e vontade.

A matriz aqui é priorizar e executar, sem discussões, seja franco e honesto nesta hora. Esse não é o momento de procrastinar. Seja direto, não tape o sol com a peneira. Esteja absolutamente focado. No caos, o tempo é tão importante quanto a solução em si. Não é a hora de descansar, não é a hora do prazer imediato. Não dá para colocar o despertador para tocar de 5 em 5 minutos, 3 vezes; não dá para olhar as redes sociais cada vez que você pega seu *smartphone*. Não cometa esses erros. Não espere estar descansado, não espere as condições perfeitas, não espere as coisas se arrumarem sozinhas.

Você receberá críticas, ouvirá conselhos que vão deixá-lo desestimulado, vai pensar em se acovardar, seu subordinado mais graduado vai desistir, prometo-lhe que vai acontecer. Então, o que sobrará é a nova medida de você mesmo, sua nova rotina de priorizar e executar agora!

O que sobra é você, é a energia que você vai colocar na execução. O caos vai forçá-lo, vai testá-lo, vai tentar arrebentá-lo, mas você tem seu empoderamento. Quando a energia for embora, sua palavra e sua promessa o mantêm focado. Mantenha-se firme na missão até o fim!

No caos, você planeja, executa e corrige sua rota. Sem descanso, sem trégua. Apodere-se de você mesmo, de seu trabalho, de sua responsabilidade. Não há atalho, não nos enganemos. Nada acontece por si só. A partir do momento da execução, é um desempenho sem piedade, sem quartel, sem dúvidas existenciais e sem mais porquês. A execução precisa ser feroz, brutal. Não escute nenhuma outra voz (passeios, festas, isso não vai dar certo) a não ser a da execução a todo custo. Lembre-se: você está no caos, está na guerra e, no combate, não há lugar para talvez, não há lugar para o prazer imediato. Aqui você não procrastina, não desiste, não chora, não fraqueja.

A única coisa certa aqui é que você estará sendo pressionado pela família, pelos amigos (amigos mesmo?), pelos funcionários, pelo governo, por devedores e por mais um milhão de derrotistas, sem falar no regozijo dos concorrentes e de parentes invejosos.

Você estará psicologicamente abalado, achando que o mundo se uniu contra você, que nada dará certo. Você entrará numa alienação, achando que é muito pequeno frente a essa mastodôntica montanha de "inimigos" e problemas. Aqui, a única coisa que funciona é a disciplina. A disciplina de continuar tentando, de continuar acordando cedo, de continuar a dizer não aos prazeres imediatos, de continuar a dizer não à família e amigos, de continuar a lutar, mesmo sabendo de todos os desgastes que ainda virão. Disciplina de motivar as pessoas que acham que você já está derrotado, de enfrentar cobradores, de enfrentar seu gerente de banco (que era seu melhor amigo enquanto você tinha dinheiro na conta bancária), disciplina de sentir o olhar de reprovação e até de regozijo de invejosos e, mesmo assim, continuar.

Você precisa decidir. É melhor uma má decisão do que decisão nenhuma. Não decidir o deixa ao sabor dos ventos, o deixa parado, sem ação, portanto vítima dos acontecimentos, vítima de quem age. Uma má decisão pode não ter sido a melhor, mas o fez sair do lugar, fez você andar e isso tem um efeito psicológico incrível. Você está avançando, talvez não da melhor maneira, mas você pode fazer correções de rota no caminho. Como você vai ao menos corrigir uma rota se não tiver nem saído do lugar?

O ser humano foi feito para permanecer no lugar, no menor esforço. Mudar desgasta, cansa. Por isso é difícil sair da zona de conforto, é difícil se arriscar em direção ao novo. Isso tudo já é difícil numa situação normal, imagine numa situação de caos, em que ou sim ou sim, você precisa mudar você, outras pessoas e até organizações inteiras em pouquíssimo tempo.

Você vai ter que decidir e fazer coisas difíceis, coisas incertas, vai ter que tomar decisões que gerarão medo, baseadas em premissas do passado e em pouquíssimas informações, pois não tem muito tempo para colhê-las nem para verificar a veracidade delas. Decida! Você vai sentir a tirania da escolha. Alguma coisa ficará pelo caminho, pois você deverá ficar apenas com o foco, apenas com o que é primordial neste momento. Decida! Sem medo de mudar métodos antigos, pessoas que não se coadunam com a nova realidade, coisas que, neste momento, não agregam nada ao novo propósito. Além de tudo isso, não temos controle sobre os eventos, sobre os senhores da guerra, sobre os ventos da economia então, mesmo tendo planejado, decidido, priorizado e executado, o que os militares chamam de "imponderáveis da guerra" acontece, um golpe de azar e a lei de Murphy agindo em todo seu esplendor se faz presente. Decida! Você está no controle, seja franco e direto, sem rodeios e sem medo. Vai ser fácil? Não, não será. Pode ter certeza disso! Coisas e pessoas ficarão pelo caminho, esta é a única certeza.

Algumas dicas de como planejar e decidir mais rápido no caos:

1. procure ver a situação de longe, de cima, como se não fizesse parte dela, não é fácil para quem está no caos;
2. limite suas opções de soluções (geralmente não mais do que três), pois muitas opções trazem indecisão ou demoram para tomar decisão;
3. levante os custos e benefícios de cada opção;
4. priorize, dentre as opções escolhidas, do mais importante para o menos importante;
5. use o velho e bom 5w2h (o que, quem, quando, como, onde, quanto, por que) nas opções priorizadas;
6. comece sempre pelo que é mais importante e não pelo que é mais fácil;
7. pesquise, se possível, pessoas que passaram por situações semelhantes e que decisões elas tomaram;
8. use seu instinto, todos o temos;
9. seja decidido. Indecisão mata! Sim ou não, não existe talvez;
10. seja otimista e não reclame da decisão ao primeiro dissabor;
11. seja disciplinado, tome posse de você mesmo;
12. corrija a rota sempre que for preciso.

Não dê desculpas para não agir, aja todos os dias para alcançar o objetivo e sair do caos. Indecisão quer dizer que a oportunidade fugiu e que nada será realizado. O que o deixa confortável, o arruína nessa hora. Você não pode parar um dia, nem mesmo uma hora. Você está na tempestade, no olho do furacão e não pode se dar ao luxo de parar. Decidindo, agindo, executando, sem parar, sem misericórdia, sem medo. Tudo leva à priorização e à execução. Assuma sua responsabilidade. Ninguém vai fazer por você.

Lamento informá-lo que os problemas não sumirão num passe de mágica. Você precisa tomar posse de seus erros, não ter medo deles. TODOS ERRAM. Você vai errar. Simples assim! Quando você toma posse dos seus problemas, ou seja, quando os reconhece, quase toma posse automaticamente das soluções, pois só resolve o caos quando o reconhece como tal. Você não será perfeito. Isso é certo. Portanto, não se importe com os erros; ao contrário, se aproprie deles.

Nesta hora, para continuar, é a disciplina e não a motivação que fará o serviço. Você vai precisar da disciplina para continuar. A motivação é volátil, efêmera, se esvai em momentos. A disciplina vem com a apropriação de seus objetivos, de seu trabalho e de sua decisão. Você vai precisar de disciplina para tudo. Para sair da cama, para acordar cedo, para reuniões estressantes e, por último, mas longe de ser o menos importante, para disciplinar suas emoções e sentimentos. Você vai precisar da disciplina para fazer as tarefas que não quer e não gosta de fazer. Não há atalhos, a disciplina o liberta já, a motivação não é nada, é efêmera, ela passa rápido.

Parece que falar de estabilidade emocional é clichê (e é mesmo), porém manter a razão durante a tomada de decisão e, principalmente, durante a execução é fundamental para não decidir atabalhoada e erroneamente. Se a sua abordagem estiver indo mal, não entre em desespero, mantenha a estabilidade emocional, corrija e execute de novo e de novo. Você não tem tempo para chorar. É o caos!

Conta a história que Fernão de Cortez, ao desembarcar no México, mandou queimar seus navios para não dar oportunidade a seus homens de sequer pensarem em desistir. Esta é a situação. Ou você vence ou vence. Seus navios já foram queimados, você só tem uma opção: ir em frente.

As pessoas não têm que o conhecer porque você é "bonzinho ou legal", mas pelo seu trabalho. Disciplina e liderança são o que fazem as coisas acontecerem. Exerça a liderança. Nesta hora (do caos), você é o responsável. Não se esconda num casulo aguardando algum ser alado, mitológico, descer dos céus e fazer o seu trabalho. A atividade principal do seu planejamento é onde você deve estar, junto a seus subordinados que estão realizando as tarefas mais importantes. Todos na mesma trincheira. Você não pode terceirizar a liderança. Dela você não pode abrir mão. Na situação de caos, as pessoas terão mais confiança quando você estiver à frente do combate, à frente de seus subordinados. Gerentes de bancos, fornecedores, prestadores de serviços ou quaisquer outros que estejam envolvidos nesta guerra vão sentir mais tranquilidade quando verem que você está no comando.

Apenas ordenar que as pessoas façam as coisas não funciona. Você precisa liderá-las, estar junto todo o tempo. O tipo de liderança nesta hora é a liderança pelo exemplo. Você estabelece metas, objetivos, cobra, verifica diuturnamente se estão sendo cumpridas a contento. A marcação aqui é homem a homem. Corrija os desvios de rota na hora em que acontecem, não permita "mas" nem tampouco "por ques". Não é hora de dúvidas e discussões acadêmicas, é hora de ação, de liderança, de estar junto aos seus homens (e mulheres) que estão lá na frente de combate. Nesta hora do caos, você deve estar onde o combate é mais cruel, mais duro, na missão mais importante, no foco. Neste momento, foque no que está dando certo e não no errado.

Pessoas não são robôs, não dê ordens e espere que elas cumpram à risca. Isso não acontece. Por isso você precisa estar lá, para fazer as coisas acontecerem do jeito que precisa que sejam feitas. Corrija a rota imediatamente, exija, ordene, não abra mão da sua liderança e de seu "poder de mando". Ninguém vai chorar por você depois. Não é hora de ouvir lamúrias e dissertações porque aquele colaborador não cumpriu a missão. É sua tarefa fazê-lo cumprir. Não é hora de ouvir reclamações sobre cansaço, falta de tempo ou outra desculpa qualquer. Não é hora de levar nada disso em consideração, é hora apenas de cumprir e fazer cumprir. Ninguém fará isso por você.

A guerra é devastadora, é cruel, é uma professora brutal. Na guerra, você é obrigado a ver a humanidade no seu pior, mas também é nela que vemos a humanidade em seus momentos mais estupendos.

No caos, você vai ver aquele estagiário trazendo ideias novas, novos métodos, se responsabilizando pela missão dada a ele e vai ver também alguns dos seus supostamente melhores funcionários pulando fora do barco. Isso vai acontecer. Prometo! Quem você pensava que mais iria auxiliá-lo vai abandoná-lo no primeiro sintoma de ruptura de seu negócio. Isso é clássico. Você deve estar preparado para isso, para perder seu "braço direito", mas verá que aquele simples empacotador e aquela simples caixa estão dando 140% de sua capacidade. Esteja pronto a recompensá-los na primeira oportunidade.

Estamos em tempos de informação farta e rápida, em tempos de pessoas que não querem, sob hipótese alguma se estressar, de filhos que mandam em pais, de pais submissos, de professores que são vítimas e alunos que não podem ser contrariados. Tomar uma atitude corajosa, por pouco tempo, quase a maioria absoluta dessas pessoas, descritas acima, são capazes de realizar, porém não conseguem sair de uma situação de caos quase absoluto. Para isso, empoderam-se e partem para a luta, resolutas, com medo ou não, vencendo a si mesmas e suas idiossincrasias, conduzindo outras pessoas por situações duras e quase incontornáveis, fazendo as coisas acontecerem, errando e corrigindo, incessantemente, tendo a coragem moral de continuar, não importando as condições, por um período de tempo considerável. Essa é a coragem do mundo moderno.

Obviamente, estas poucas linhas não encerram o assunto, nem de perto. Como disse no início, o objetivo era desafiar, incomodar. Espero ter conseguido deixar pelo menos um pequeno incômodo que o faça seguir em frente.

Bem-vindo, herói!

> "É necessário ter o caos, cá dentro, para gerar uma estrela."
> **(Friedrich Nietzsche)**

Capítulo 2

O peso das emoções

Aline Bitton

Por anos me contavam – e eu acreditei – que o ganho e reganho de peso tinham relação com quanta força de vontade eu tinha. Hoje sei que as dietas "milagrosas", contagem de calorias e os medicamentos só me faziam ficar mais ansiosa. Nenhum deles mudava o que estava a um passo antes: "O que me levava a fazer o que eu fazia – comer". Se está cansada dessa luta e não aguenta mais viver de dietas, este capítulo vai ser transformador.

Aline Bitton

Terapeuta Holística credenciada pela ABRATH, Licenciada pelo Instituto Salvar Vidas em Nutrição Emocional e Comportamental, Analista comportamental ADV – *Advanced Insigths Profile* (pela Sociedade Brasileira de Coaching), Analista comportamental do Obeso (pelo Instituto HCII), *Personal and Professional Coaching* (Sociedade Brasileira de Coaching), *Practitioner* em Programação Neurolinguística (pelo Instituto Nacional de Excelência Humana), *Positive Coaching* (pela Sociedade Brasileira de Coaching, que abrange a metodologia criada pela mestre em Psicologia Positiva aplicada pela Pennsylvania University (EUA), no curso criado e dirigido por Martin Seligman, o criador da Psicologia Positiva), *Coaching* Emagrecimento consciente - (pelo Instituto HCII), *Master Coaching* Saúde Integrativa Sistêmica (Especialização pelo Instituto HCII) e Especialista no Cuidado com a Ansiedade (pelo HCII). Ex-obesa, criadora do Método *Viva+Leve*, idealizadora da empresa *Afinando Corpo e Mente*, especializada no cuidado de mulheres que sofrem com sobrepeso e obesidade, em que o maior diferencial é ajudá-las a "Mudar o que as leva a fazer o que fazem" ou seja: desvendar o motivo que as leva a comer e não só focar em mudanças de comportamento.

Contatos
www.afinandocorpoemente.com.br
contato@afinandocorpoemente.com.br

Por muitas vezes, acreditamos que o peso das emoções não determina o resultado da balança, mas comigo não foi bem assim.

Vim de uma família simples e comum, vivenciei coisas em minha infância que acreditava não terem relação nenhuma com o meu peso. Não fazia ideia de que tudo o que tinha sido roubado de mim naquela época influenciaria tanto em minha vida adulta. Afinal de contas, como mulher, não mais como menina, me sentia "dona de mim", suficientemente madura, inteligente e capaz para fazer minhas escolhas.

Fui uma criança muito amada pela minha mãe, Isabel Bitton, que deu tudo de si para criar dois filhos depois que se tornou viúva. Nessa época, eu tinha quase 6 anos; meu irmão, 1 ano. Minha mãe, com a pouca experiência de vida que tinha, criada na roça, sem muito estudo na época, se viu acuada para "se virar" sozinha e dar conta de tudo, já que meu pai não nos deixou nada, além de uma sensação absurda de abandono, da qual levei anos para entender a verdadeira origem.

Quando criança, eu pensava: "Meu pai forçou minha mãe a me deixar sozinha, me tornei vulnerável e à mercê de pessoas que me tiraram a inocência. Sentia-me desprotegida, como se eu fosse a única responsável por minha defesa e talvez a minha única preocupação deveria ter sido brincar, ser criança. Era como se esse direito me tivesse sido arrancado. Se não bastasse, na mesma época, minha bisavó, dona do cheiro mais delicioso que já senti e do colo mais quentinho que já ganhei, também faleceu e minha vira-lata favorita, a Pedrita, também se foi. Muitas perdas para uma criança tão pequena.

Tudo isso ficou "guardado" a sete chaves em um baú em minha mente inconsciente, como se tivesse sido solucionado. Afinal, já me considerava adulta e acreditava que já cuidava de mim melhor que qualquer um.

Quando completei 16 anos, alcei voos maiores, que me levaram a sair de uma cidade pequena, onde morava na época, e ir para uma cidade maior, onde as minhas chances de crescer profissionalmente e estudar eram "garantidas" e eu tinha uma sede incessante por crescer e me tornar independente. Quase tudo foi como eu "planejei". Comecei a trabalhar, ganhei meu dinheiro, fiz faculdade, viajei para o exterior para fazer intercâmbio, trabalhei em renomadas multinacionais, cheguei a cargos de gestão, o que me tornou uma referência de sucesso para minha família e amigos.

Por anos, foi como se realmente eu tivesse "superado" tudo que havia passado na infância, me tornado uma adulta bem-sucedida, como se as marcas tivessem cicatrizado. Mas havia algo "estranho" diante de tanta realização. Eu sentia falta de algo que não sabia bem o que era e essa "falta" me fez engordar, ligando um "piloto automático" que me fez chegar a 125 quilos, o que pra mim, na minha cabeça, não fazia o menor sentido, pois como alguém que realizava tanta coisa podia não conseguir ter "controle" sobre a própria alimentação, sobre o próprio corpo, sobre as próprias escolhas? E ouvia muito das pessoas: "É só seguir a dieta", "tenha foco", "tenha determinação". Mas ouvir isso só me afundava ainda mais. Nessa fase da vida, eu achava que o verbo sentir era feito para pessoas fracas, sem força de vontade e que buscavam justificar sua falta de determinação com "sentimentalismo barato". Esse pensamento quase foi a minha ruína.

Questionava-me sobre a minha capacidade de realizar projetos pessoais e profissionais, como se a minha confiança diminuísse com cada quilo que ganhava. Com isso a minha mente "reforçava" as coisas sórdidas que eu me afirmava e que, ao longo da minha vida, vi que não eram verdades. Porém, se me afirmassem isso naquela época, me soaria como deboche, mentira, preconceito e me sentiria ainda menos compreendida e acolhida. Afinal, ninguém tinha ideia de quantas dores e marcas eu carregava (nem eu mesma) e que, na época, acreditava serem ditas pelo reflexo da minha aparência no espelho. Não via apenas uma mulher obesa, via o reflexo da falta de força de vontade e fracasso.

Por muitos anos lutei contra sentimentos que não compreendia, uma raiva que não sabia de onde vinha e que era altamente conflitante, pois sempre ouvi que não se pode sentir raiva de determinadas atitudes de quem amamos e que raiva era oposto de amor, que se sentir triste e chorar era para pessoas fracas e que, se eu queria crescer e "ser alguém", não poderia me "entregar" a esses sentimentos.

Acreditar nessas "verdades" me fez engordar e ainda me aprisionou em perguntas como: onde foi que me perdi? Quando foi que permiti que minha vida saísse tanto do trilho? Essas perguntas não me ajudavam a mudar, na verdade faziam com me sentisse ainda mais frágil, áspera e vazia, como se não tivesse alternativa, o que me levou a desenvolver compulsão alimentar e depressão. Eu comia até dar vontade de vomitar.

Buscando por uma solução, com apoio da família, visto minha condição física e emocional, decidi realizar a cirurgia bariátrica. Isso depois de tentar inúmeros tipos de dietas e intervenções medicamentosas, depositando ali toda minha esperança em me reencontrar. Acreditei que meu momento zero seria aquele, que realizando a cirurgia teria uma vida normal como todas as outras pessoas a minha volta, que poderia comer e nunca mais iria engordar, porém não correu como eu sonhava.

Fiz a cirurgia, eliminei 62 quilos, mas voltei a recuperar meu peso. Só quem passa por isso sabe como é a dor, a sensação de fracasso, de impotência, o tamanho da culpa e tantos outros sentimentos que doem na alma quando, mesmo após uma intervenção como essa, voltamos a engordar. É como se nossa última esperança em ter uma vida normal fosse roubada.

Voltei a me chamar de inúmeras coisas horríveis, a me questionar: como eu podia estar deixando acontecer aquilo de novo? Vivia dizendo a mim mesma: caramba, o que eu vou cortar agora? O que mais eu posso fazer? Naquele momento, eu tinha o conceito de ter tentado tudo o que podia, o que eu não sabia é que tinha tentando de tudo sim, mas tudo que conhecia, não o que de fato mudaria a minha história ou existia a nível de estudo do cérebro humano e da influência dele sobre a questão do ganho e da perda de peso.

Por vezes vamos em busca de coisas externas para "curarmos" dores e feridas internas. Quando comecei a entender a influência do pensamento na minha perda e na manutenção de peso, vi que dei início ao meu Real Momento Zero. Comecei a me curar de dentro para fora, ver que meu problema de fato não era o peso, mas o que eu me contava na minha mente sobre mim e como lidava com cada sentimento que tinha. Por anos, por não saber o que fazer com meus sentimentos e sensações e quais as suas origens, vivi numa espécie de piloto automático, fazendo coisas sem olhar para quem era a grande protagonista de tudo, Eu. Não me via, não sabia o que gostava, não tinha sonhos, apenas trabalhava e pagava as contas.

Decidida a mudar a situação, comecei a estudar e entender que o cérebro precisa produzir hormônios que geram sensação de

Momento zero

prazer e que isso é uma necessidade fisiológica. O caminho neural que o meu cérebro conhecia para garantir o resultado imediato era "comer". Afinal, a sensação no ato era "boa e prazerosa" e gerava os hormônios "necessários", mas isso me gerava uma recompensa futura "desastrosa", que vinha em forma de ganho de peso e me aprisionava "nesse ciclo que eu chamo de ciclo de dor e culpa, que não conseguia me desprender e seguir em frente.

Hoje sei que "nos tornarmos as verdades que nos contamos". Durante anos permiti que o número da balança me contasse muitas coisas sobre mim mesma, ao invés de só marcar o número do meu peso, coisas que só quem passa pela luta contra a obesidade, perda de autoestima, perda do "brilho da vida", da apreciação da beleza das coisas divinas é capaz de entender. Tenho vontade de gritar para as pessoas que sofrem com o peso que a balança não determina a sua vida, na verdade é a sua vida que determina o número da balança e que você não precisa atender a nenhum padrão social e sim conhecer e entender quais são os seus próprios padrões, o que você quer desse corpo que tanto idealiza, o que você quer realizar quando estiver com seu peso dos sonhos e o que acredita que ainda não consegue. E, definitivamente, você não precisa construir uma trajetória de sofrimento e restrição para conquistar esse sonho.

No momento em que estava imersa na obesidade, não dava para acreditar nisso, pareciam frases feitas, aquelas de incentivo que vemos em para-choques de caminhões na estrada. Acreditava que tudo estava atrelado a minha força de vontade e eu não conseguia tê-la de forma suficiente para mudar, por mais que no meu íntimo a minha situação me incomodasse. Era como se meu reflexo no espelho me dissesse que não era capaz, nem boa o suficiente para conseguir conduzir a minha vida e, quanto mais ele me dizia isso, mais acreditava e menos ainda me olhava. Era como se estar acima do peso fosse o reflexo de minha negligência e da incapacidade que tinha de me aceitar. Só que aceitar aquela condição me trazia muitas limitações: escolher uma roupa era um pesadelo, um sapato (só sapatilhas de enfiar o pé, nada de salto alto), um passeio (já pensava nas pessoas me julgando), constituir uma família (quem iria me querer?), ter uma filha (jamais!), tornando distante a construção de tudo que tenho hoje, minha pequena Helena (que é mais incrível que um dia pude sonhar), um parceiro de vida como Marcelo Regis, homem admirável e que me apoia.

A obesidade e o sobrepeso não são determinados apenas por hereditariedade, existe sim a influência. Mas se você tem esse gene, pode "anulá-lo" por meio de outros pilares, ou seja, ter um gene "doente" (família com problema de coração) não significa que você também desenvolverá, visto que a epigenética sobrepõe a genética, como demonstram inúmeros estudos científicos que defendem que o estilo de vida e o ambiente têm maior influência que a expressão genica.

O problema visível aos meus olhos era a obesidade, no entanto esse nunca foi o problema real. O problema e a solução que precisava descobrir sempre estiveram em minha mente. Quando foquei em entendê-los, meu mundo começou a se reconstruir. Foi quando comecei a entender que a causa raiz da obesidade estava na mente, atrelada ao que me levava a fazer o que, conscientemente, eu não queria – comer; mas, inconscientemente, fazia.

Muitas vezes me perguntei: "se sei o que preciso fazer, por que não faço?". Por muitas vezes, paguei o "ano inteiro de academia para garantir que eu fosse. Afinal, "se doer no meu bolso, vou fazer"; acabava não fazendo.

O que me levava verdadeiramente a fazer aquilo comigo, a fazer com que me mantivesse gorda, como se a minha obesidade me protegesse de algo, estava em minha cabeça. Meus estados emocionais estavam todos bagunçados. Eu precisava entender a origem de toda aquela bagunça e organizá-la.

Resolvi abrir o baú da minha infância e entendi o quanto minha mente contabilizava perdas. A criança que eu era significou a perda do pai biológico como a perda do primeiro amor; a bisavó, que também se fora, como a perda do colo aconchegante; a cachorrinha, como a perda da companhia diária; a ausência da mãe em casa, como a falta de cuidado que permitira que marcas eternas fossem impressas em meu corpo, coração e alma.

Suportar tudo isso e não ter aprendido a lidar com o que eu sentia fez com que me virasse do jeito que desse, ou seja, na minha cabeça, tinha que ser forte para garantir a minha sobrevivência naquele mundo cruel onde só "perdia coisas e pessoas" e a mim mesma, com o passar dos anos.

Nos últimos 50 anos, a Neurociência obteve avanços incríveis e comecei a ter uma relação com esse meio, o que me trouxe o conhecimento do que realmente seria o meu Momento Zero, a minha grande chave de virada, o meu #Basta. Precisei cuidar daquilo que me levava a comer, do meu grande porquê. Aprendi que, com base nas nossas experiências de vida, criamos a nossa realidade e as nossas verdades, que podem nos levar a bons destinos ou destruir a nossa vida.

Já dizia Albert Einstein: "A imaginação é mais importante que a ciência, porque a ciência é limitada, ao passo que a imaginação abrange o mundo inteiro". Portanto, não busque mudar apenas seu comportamento, cuide do que está um passo antes, a qualidade de seus pensamentos.

Entendi conceitos, estudei e estudo muito até hoje, mudei não só o meu comportamento, mas a maneira como estruturo meus pensamentos, saindo de uma comunicação "não assertiva" para uma comunicação assertiva, impactando positivamente as minhas ações, atitudes e escolhas fazendo com que hoje me alimente de forma diferente naturalmente, por isso afirmo que dieta restritiva não resolve.

Muitas pessoas, quando falo que a raiz de tudo está na mente e que há ligação direta com o que o leva a fazer o que faz, ficam confusas e se questionam: "Mas o que tudo isso tem com meu peso?". Eu como ex-obesa, estudiosa de Neurociência, terapeuta holística e *coach* de Saúde Sistêmica, que cuido disso todos os dias, respondo: "tudo!".

Quem me conhece sabe que hoje poucas vezes uso a palavra "tudo". E quero lhe dar um Alerta: seu conceito de "tudo" está distorcido, assim como o meu já esteve um dia, mas lembre-se: você tentou apenas tudo que conhece e não tudo que existe, reprogramar sua mente é o que o levará a encontrar a chave da liberdade que está dentro de você.

Hoje consigo manter o peso que sempre sonhei, 62 kg, sem ficar pensando nele na verdade. Deixei de ficar gastando energia nisso. Hoje foco minha energia e vitalidade em participar da vida da minha filha, minha pequena Helena, em viver a cumplicidade que tenho com meu marido Marcelo Regis e todo o nosso crescimento diário como casal e seres individuais, além de ajudar centenas de mulheres pelo *Afinando Corpo e Mente*, projeto que nasceu disso tudo.

Cuidar de mim e da minha saúde é uma consequência de todas as coisas que estou realizando e ainda quero realizar, pois preciso desse corpo físico saudável para que continue realizando meus sonhos, colocando meus planos em prática, enfrentando os desafios diários como um processo de evolução e aprendizado. Dificuldades sempre existirão, mas a forma como eu as enxergo hoje é completamente diferente. Afinal, fatos são apenas fatos, o significado que damos a eles é que os tornam alegres ou tristes e esse significado é oriundo da minha mente.

Seja protagonista da sua história, assim como me sinto hoje da minha, construa seu momento zero, cuide da causa-raiz que está na sua mente e goze de uma vida feliz, plena, aqui, agora e hoje.

Somos seres únicos, não há separação entre o que somos na essência profissional, pessoal ou nas vivências dos nossos múltiplos papéis.

Construa seu Momento Zero, aprenda como usar seu cérebro e suas emoções a seu favor. Acredite. Se eu, um ser humano comum como você, fui capaz, você também pode.

Capítulo 3

Como reprogramar a sua mente para gerenciar a ansiedade

Aline Horta

Nas próximas páginas, você terá acesso a quatro passos fundamentais para guiá-lo em sua jornada de autoconhecimento. Espero que possa vivenciar e aprender a reprogramar a sua mente gerenciando a ansiedade e pensamentos disfuncionais. Enfrentamento gera posicionamento, que gera autoridade, que conduz ao respeito e o desvelar de uma linda história de sucesso. Boa leitura!

Aline Horta

Graduada em Psicologia Clínica com ênfase na área Organizacional, pós-graduada em Gestão de Pessoas (MBA), Graduada em Pedagogia, Graduada em Teologia pela Faculdade Católica de Anápolis (GO), Graduada em Neuropsicologia, *Professional and Self Coach,* formada pelo Instituto Brasileiro de Coaching (IBC). Especialista em processos de *Coaching* Executivo, Liderança e Carreira, além de especialista em hipnose ericksoniana, Constelação Familiar e Intervenções em Forças de Caráter com ênfase em Psicologia Positiva. Capacitada pela Star´s Edge International - Orlando (EUA), *Master* Avatar com ênfase na área comportamental. Coautora do livro *O impacto do coaching no dia a dia: coaching financeiro*. Diretora Executiva do Instituto Renovare, com foco em Desenvolvimento Humano. Professora de pós-graduação, palestrante de treinamentos e *workshops*. Criadora do Projeto *Mulheres Poderosas*. Esteve em treinamentos comportamentais com Tony Robbins. Escritora de obras para o Despertar Humano.

Contatos
alineleitehorta@gmail.com
Facebook: Aline Horta psicóloga
(22) 3824-2687
(22) 99752-0033

Quando finalmente se libertou dos campos de concentração, no fim da Segunda Guerra Mundial, o médico judeu austríaco Viktor Frankl carregava uma certeza: havia descoberto o sentido da vida. Enquanto tantos homens e mulheres pereciam sob o horror do nazismo, Frankl tinha a convicção de que seu espírito jamais seria subjugado, fugindo assim do vazio existencial que assombrava a todos e se mantendo com uma sanidade mental incrível. Dessa experiência nasceu uma vasta obra terapêutica conhecida como Logoterapia, que fez Frankl se tornar célebre em todo o mundo, rendendo frutos nos mais diversos países.

Um dia uma menina sonhadora queria transformar o mundo, no entanto ela precisou ir para o mundo para transformar a si mesma. Foram muitos desafios, dores na alma e muita perseverança e conquista. Hoje ela está pronta para proporcionar travessias brilhantes no ser humano. Aprendeu o valor da educação e do empreendedorismo desde cedo. Filha de mãe educadora e de pai empreendedor, "hoje vivo a missão de ajudar os outros a encontrarem o sentido de suas vidas".

Com os ensinamentos de Viktor Frankl, assim que estava terminando a faculdade de Psicologia e ainda estava cursando Teologia, por ironia do destino, convidaram-na para um curso de autoconhecimento com ferramentas de *coaching*. Um sentimento de entusiasmo invadiu seus pensamentos. "Foi incrível!". Descobriu que já atuava como *coach*, no decorrer da vida, pois tinha a dádiva e a vontade de transformar a vida das pessoas. Então, com autorresponsabilidade conheceu a própria essência.

Após a formação de *coaching*, sua vida foi transformada, escreveu metas e objetivos e todos foram alcançados. Sempre teve o sonho de montar um empreendimento para desenvolver pessoas. Após ter colocado no papel esse sonho, ele se concretizou e nasceu o Instituto Renovare. Fez também duas formações comportamentais com a equipe Avatar (USA), conhecendo Orlando, onde havia se comprometido em uma das metas. Com a formação Master Avatar, vivenciou ferramentas extraordinárias, as quais lhe proporcionaram um rico aprendizado para o seu trabalho como psicóloga *coach*. O sentir na essência faz com que ajude centenas de pessoas em seu consultório, cursos, palestras e *workshops* a sentirem suas essências também, permitindo ouvir sua voz interior.

Como psicóloga da emoção, escolheu o Sentido da Vida para trabalhar em seu consultório e tratar as pessoas pelo alto índice de ansiedade patológica que apresentam. Entre outras ferramentas, trabalha com a Terapia Cognitiva Comportamental (TCC), *Coaching*, PNL, hipnose ericksoniana, entre outras. O grande diferencial do seu trabalho é, realmente, despertar o poder genuíno de cada ser humano, aprimorando a comunicação, a autoestima, o amor próprio, trabalhando a autoconfiança, para que saibam gerenciar melhor suas mentes e emoções. É um verdadeiro despertar para a vida, que tem proporcionado resultado incrível. Além de trazer autoconhecimento, abre possibilidades do empreender, para que a pessoa saia do estado de vítima e migre para o estágio de autorresponsabilidade.

O *Coaching* e a Psicologia transformaram a sua forma de pensar, aprender e agir, e podem levar você também a um novo modelo mental, gerando resultados extraordinários em curto espaço de tempo, seja para as pessoas ou organizações, na gestão estratégica ou empreendedorismo. Pensamento gera sentimento que resulta de um significado. Se buscarmos memórias negativas traumáticas, sentiremos emoções negativas e fabricaremos cortisol, que é o hormônio do estresse. Mas se buscarmos memórias positivas que tenham significado de alegria e felicidade, sentiremos emoções positivas e o organismo fabricará dopamina, que é neurotransmissor do bem-estar.

A sociedade pós-moderna vive com pressa. Isso requer cada vez mais energia e motivação da pessoa que, por sua vez, sucumbe à ansiedade, dada a extrema angústia que experimenta em seu cotidiano, ao tentar atender as mais diversas demandas. Algumas pessoas recorrem, então, à automedicação, ao uso de drogas lícitas e/ou ilícitas e aos diversos tipos de terapia. A formatação pós-moderna da vida social cria uma condição humana na qual predominam o desapego e a versatilidade em meio à incerteza. A tecnologia pauta a vida cotidiana.

Segundo Bauman, na sociedade moderna, o indivíduo trabalhava e produzia; em contrapartida, na sociedade pós-moderna, o sujeito trabalha e consome. O novo indivíduo consumista assume características líquidas, extrai a postergação do prazer de consumir e desloca-o para o imediato. Ansiedade é o sentimento típico de quem vive no futuro, se preocupando com as coisas que ainda vão acontecer.

As técnicas da PNL proporcionam no sujeito abrir tela positiva para visualizar um futuro positivo. Os fatores que mais causam preocupação atualmente são coisas menos tangíveis, como satisfação no emprego, realização amorosa, visual perfeito. Como nossos antepassados ainda estavam ocupados em sobreviver, dificilmente tinham as crises e neuroses que temos agora. A ansiedade pode ser tratada com medicação ou terapia, mas não se mostra prudente querer experimentar ausência de ansiedade. É possível conviver com a ansiedade e observar que ela conduz à cautela. Quando não tratada, a pessoa pode experimentar níveis intoleráveis de ansiedade e vir a desenvolver transtorno de ansiedade que pode, ainda, estar associado a outros transtornos como: fobia social, síndrome do pânico, Transtorno Obsessivo Compulsivo (TOC), Transtorno de Estresse Pós-traumático, TAG, depressão, anorexia, bulimia, *burnout*, entre outros.

Agora convido você a vir comigo nesta viagem de autoconhecimento que é conhecer sua essência, reinventando e reprogramando sua mente. Caneta e papel em mãos para começarmos a retirar metas, objetivos e sonhos do plano ideal e trazer para o plano real. Pela tomada de consciência, reintegro todo o seu passado e futuro no momento presente, para que daí você possa ser autor da própria história pela autorresponsabilidade.

Você pode dar uma desculpa: depois escrevo, depois tomo consciência. Depois? Depois o café esfria, depois a prioridade muda, depois o encanto se perde, depois a saudade passa. Depois tanta coisa muda porque, na espera para o depois, você pode perder os melhores momentos, as melhores experiências, os melhores e mais sinceros sentimentos.

A hora é agora! Não deixe para depois. Seja o que for. O que é realmente importante em sua vida? Quem é seu bem mais precioso? Suas ações estão dirigidas para o que realmente importa para você? Quem está em primeiro plano em sua vida? Qual sonho foi engavetado? Qual objetivo foi deixado para depois? O que você tem adiado em fazer por você, por quem ama ou pelos seus sonhos? Quais atitudes você identifica que pode tomar hoje para realinhar a sua rota para viver aquilo que faz sentido para você? Não deixe para depois. Respire! Medite! Aja.

Seu posicionamento/sua missão

Posicionamento é ocupar seus espaços cumprindo os seus papéis certos. Como tenho me posicionado? Tenho deixado espaços vazios? Espaços não ficam vazios. Se você não ocupar os espaços, alguém vai ocupar para você. Jesus se posicionou nas Bodas de Caná realizando seu primeiro milagre: transformação da água em vinho, com seus discípulos, deixando um lindo legado para todos nós. Se posicionarmos no espaço com indiferença, ódio, estupidez, desrespeito ou mentira, provavelmente vamos colher aquilo que plantamos. Então, convido vocês desde já a começar a plantar amor, respeito, firmeza, convicção, verdade, valores certos. Uma mãe ou um pai que não se posicionam corretamente poderão ser abandonados pelos seus filhos. Um líder que não se posiciona é passado para trás. Se você tem o espaço de pai, mãe, empresário, cristão, marido, se posicione nos seus espaços, não deixe que outra pessoa ocupe o espaço que é seu.

Em meus atendimentos, percebo que muitos casos de ansiedade são recorrentes à falta de posicionamento do cliente. Para que você veio a este mundo? Em quais momentos da sua vida sentiu que estava onde deveria estar e fazendo o que deveria fazer? Acho que com essas respostas você descobriu sua missão. Somos seres com infinitas possibilidades.

Autofeedback e roda da vida

Com estas ferramentas, acesso o inconsciente e o consciente do cliente. Sabemos que 95% são subconscientes e 5% são conscientes. Para reprogramar a mente, preciso de informações extraídas de seu subconsciente.

Reprogramação mental/inventário de crenças

> "Nosso inconsciente é nosso ponto de conexão e comunicação com o universo."
> **(Paul Adler)**

A hipnose é o caminho para entendermos a mente e para quem decide acessar a parte mais profunda de si mesmo, do próprio cérebro, a tal mente subconsciente, tem como recompensa o controle de sua vida, a solução de muitos problemas, até mesmo de questões graves como depressão, síndrome do pânico, fobias e compulsões. Um caminho feito a partir da hipnoterapia.

Trata-se de um processo poderoso no sentido de reprogramar a mente. O *loop* hipnótico pode acontecer por meio de músicas, poesias, histórias, filmes, transe.

No mundo competitivo, corrido e estressante no qual vivemos, falta tempo para olhar para si mesmo, para cuidar das próprias questões. É aí que entram na vida de muitas pessoas problemas pessoais profissionais ou mesmo de saúde. Neste cenário, conhecer o potencial de sua mente e desbloqueá-lo é uma solução rápida e de alcance profundo, abrindo espaço para que seja apresentada a forma para mudar aquilo que o incomoda. Já reparou que várias de suas atitudes são muito parecidas ao modo como seu pai e sua mãe agem? Ou que você age e pensa do mesmo jeito, ainda que em situações diferentes? Um exemplo: somos considerados pessoas pessimistas ou otimistas? E isso é um padrão do nosso comportamento. Isso tudo faz parte de uma programação existente dentro de nós que foi sendo plantada desde o nosso nascimento. Não importa o que saibamos ou pensemos saber. É essa crença que guia toda a nossa vida.

Contribuição de um caso de sucesso

Uma jovem chegou ao meu consultório com a queixa de fobia social e síndrome do pânico e encontrou dentro si as respostas, sendo tímida a ponto de não conseguir falar com estranhos. Fosse qual fosse o ambiente, ela travava, se fechava, evitava contato e saídas que a expunham ao social, como igrejas, cafeterias e até mesmo baladas. Sentia-se em pânico.

Orientada durante o processo de descoberta mental, ela se fixou em um comportamento de uma pessoa que havia sido sua babá na infância e esta se comportava com fobia social, chegando até a perguntar se ela estava vendo as pessoas olharem para ela, quando saiam para passear na rua, e a menina dizia que ninguém estava olhando. Quando a jovem cresceu, começou a se comportar como a babá. Era um trauma não trabalhado e que só teve alívio quando ela, por meio do processo de psicoterapia com *coaching* e hipnoterapia, se permitiu ouvir sua mente subsconsciente e desbloquear o que fosse preciso.

Conseguiu realizar seu grande sonho, passando no vestibular para cursar Medicina. Tendo como sentido de sua vida ser médica. A maioria dos problemas está em nossa mente subsconsciente. Quando descobrimos isso, ganhamos o potencial de transformar qualquer aspecto em nossa vida. Para mudar uma crença limitante, que é produzida pelas nossas memórias, é necessário refazer seus significados e sentimentos.

Desacelerar/meditar e gratidão

A técnica de Meditação de *Mindfulness* se faz indispensável para o relaxamento e tratamento da ansiedade, tendo como objetivo o foco no agora, auxiliando o desacelerar mental. É o diário da gratidão, feito toda noite, respondendo: por que valeu a pena viver o dia de hoje? Tudo favorece quando a gente não aborrece e agradece. Sinto-me feliz e realizada como mãe de três filhos abençoados, esposa, mulher e profissional. Sinto e escuto na essência com muito amor. Pura gratidão por cada pessoa, por acreditar em meu trabalho.

> Nunca deixe ninguém te dizer que não pode fazer alguma coisa. Se você tem um sonho, tem que correr atrás dele. As pessoas não conseguem vencer e dizem que você também não vai vencer. Se você quer uma coisa, corra atrás.
> **(À procura da felicidade)**

Referências
ARRUDA, Michael. *Desbloqueie o poder da sua mente*. 1. ed. São Paulo: Gente, 2018.
BAUMAN, Zygmunt. *Modernidade líquida*. (trad.) Plínio Dentzien: Rio de Janeiro: Zahar, 2001.
FRANKL, Viktor. *Em busca do sentido da vida*. Rio de Janeiro: Editora Vozes, 1991.
MARQUES, José Roberto. *Coaching ericksoniano*. 2. ed. Goiânia, GO: IBC, 2018.
OLIVEIRA, Manfredo de Araújo. *A filosofia na crise da modernidade*. 2. ed. São Paulo, LOYOLA, 1990.
ROBBINS, Tony. *Desperte seu gigante interior: como assumir o controle de tudo em sua vida*. 33. ed. Editora Best Seller.

Capítulo 4

Do zero ao topo: como agir diante de cenários desafiadores?

Benito Costta

Meu objetivo com esta coautoria é ajudar a fortalecer o lado emocional para que os leitores tenham condições de tomar as melhores decisões, independente da forma que a sua realidade está sendo impactada hoje. Espero que goste e que o ajude a conquistar verdadeiramente mais resultados.

Benito Costta

Master Trainer, palestrante, executivo de vendas com mais de 25 anos de experiência. Escritor apaixonado por formar e desenvolver "verdadeiramente" as pessoas dentro das organizações. Ajuda empresas e pessoas a atingirem rapidamente resultados e metas. Formação: Disney Institute – Orlando (EUA) em "O Jeito Disney de Encantar Clientes"; Harvard Business em Negociação de alta *performance*; Slac – *Advanced Executive Coaching, Advanced Master Coaching, Advanced Leader Coaching, Advanced Team Coaching;* European Mentoring e *Coaching Council*; IBC (Instituto Brasileiro de Coaching) – *Master Trainer*; Ohio University (EUA) – em liderança de alta *performance*. Coautor dos livros *Vendas – a chave de tudo, Coaching e liderança* e *O poder do otimismo* pela Literare Books International. Criador das metodologias *Práticas e filosofias da Disney* e *Vendas – a chave de tudo*. Foi somente ao aprimorar seu método de treinamento que percebeu algo muito poderoso: o verdadeiro segredo de um processo bem-sucedido está na metodologia e na conexão com as pessoas.

Contatos
www.benitocostta.com.br
contato@benitocostta.com.br
Redes sociais: @benito.costta

Vivemos em um momento que podemos chamar de "nova economia". Um novo tempo, em que as pessoas estão preocupadas em abreviar suas habilidades internas, aumentar o seu autoconhecimento, conhecer melhor a própria mente e elevar o seu potencial ao máximo. Nosso mundo está em constante evolução. Mudanças tecnológicas, científicas e informações novas chegam rapidamente e se multiplicam.

Por isso, temos que ter a consciência da transformação e das mudanças que estão relacionadas à nossa percepção. Podemos sim alterar nossa forma de enxergar o mundo e de pensar, ressignificando o nosso futuro. Mas se o futuro não existe, como fica a premissa básica de foco no futuro? O tempo é uma das coisas mais preciosas que temos. Desperdiçá-lo é um erro. Pense sempre que o tempo deve ser otimizado ou corremos o risco de perder um dos nossos grandes diferenciais.

> "O momento da virada não deve esperar, a hora de começar é agora; ou será hoje ou tantos outros anos virão sem que nada aconteça."
> **(Benito Costta)**

Motivação em tempos difíceis

Nesses períodos de baixa, como encontrar motivação para continuar em busca de melhores resultados? Ora, assim como aprendemos a viver a fartura, precisamos aprender a viver a restrição. Não é agradável ter restrição, mas aprender a lidar com isso faz parte. Assim como quando sofremos algum percalço na saúde e precisamos aprender a fazer dieta, a nos privar de comer alguns alimentos que nos dão satisfação, é preciso encontrar caminhos e compreender que são períodos.

"Motivação é uma porta que só abre pelo lado de dentro". É necessário entender que, embora a palavra "motivação" signifique mover, movimentar, fazer com que haja o ponto de partida, ela é um estado interior. Não devemos confundir motivação com estímulo. O estímulo é aquela palavra de incentivo, apenas e tão somente, para darmos um passo, enquanto a motivação nos leva além, nos faz ter um propósito além da próxima tarefa.

Então, qual caminho seguir? Defina o seu objetivo

Aqui vale a máxima tão bem traduzida por Lewis Carroll: "se você não sabe para onde vai, qualquer caminho serve". Ter um objetivo claro a seguir não só lhe oferece esperanças, mas lhe dá embalo e lhe deixa mais atento a perceber as pistas que apontam o melhor caminho.

A importância de um propósito

Deixe de focar o esforço e comece a focar o propósito. Essa proposta pode parecer estranha em um mundo em que o esforço é valorizado e o propósito geralmente causa certo desconforto quando não coincide exatamente com o que "os outros" esperam de nós, mas é preciso entender a força que o propósito tem.

A força do propósito

A ciência mostra que enxergar significado no próprio trabalho, algo cada vez mais escasso em todo o mundo, torna as pessoas mais saudáveis e produtivas. É o caminho para uma vida plena e mais feliz.

Atualmente, no âmbito do mundo do trabalho, a pergunta sobre o propósito vem ganhando crescente relevância. Boa parte das pessoas hoje deseja encontrar no emprego algo que ultrapasse o mero ganho salarial, como uma busca por ser reconhecido e valorizado em sua função.

> A palavra "propósito", em latim, carrega o significado de "aquilo que eu coloco adiante". O que estou buscando. Uma vida com propósito é aquela em que eu entenda as razões pelas quais faço o que faço e pelas quais claramente deixo de fazer o que não faço.
> **(Mario Sergio Cortella, 2016)**

Ao longo da nossa vida, vários questionamentos vão surgindo e nos deixando com dúvida sobre os nossos propósitos. Você tem claro na sua mente quais são os seus propósitos de vida?

Você já deve ter se perguntado: qual o meu propósito de vida? Qual o objetivo de tudo isso?

Para algumas pessoas, essas reflexões são comuns e ficam em seus pensamentos por dias, martelando contra tudo que fizeram. Em cada escolha, cada passo, cada rotina, por mais automática que seja, a pessoa fica se questionando qual o sentido de fazer aquilo.

Se, para você, repetir dia após dia, em modo automático, já não é mais suficiente, a minha sugestão então é que inicie já a mudança. A mudança não depende do cenário político do país, da situação financeira ou de condições favoráveis. A mudança depende de você sentir lá no fundo uma luzinha de inquietação, que o faça questionar, mesmo que discretamente, o que está por trás de cada coisa que você faz ou deixa de fazer. Sim, porque aquilo que não escolhemos também é uma escolha nossa.

Zona de conforto

É o que faz muitas pessoas sentirem-se tão infelizes com suas carreiras e vidas pessoais. Quando buscamos entender o que nos inspira, nos motiva e nos torna plenos, mais próximos estamos de nós mesmos e de conquistar aquilo que consideramos ser o essencial para a nossa plenitude.

A zona de conforto é um lugar delicioso, mas nada acontece lá

A zona de conforto é um "lugar" onde quem deseja crescer, evoluir, aprender e se desenvolver não deveria permanecer por muito tempo. Pois, estando lá, vai permanecer exatamente onde você está hoje. Ela é a pior vilã na concretização de um sonho. Nela, você para de progredir porque foca no que já sabe e aprendeu. Não ousa sonhar mais alto.

Na zona, nós evitamos as coisas. Quando permanecemos muito tempo nela, o ato de evitar as coisas pode se tornar um modo de vida. Cuidado! Sabe o que vai acontecer? Você vai saber o que quer, mas vai precisar ser incentivado a fazer aquilo que é melhor para você. Incrível: você sabe o que quer, mas não consegue sair da zona de conforto.

Você é o dono de sua vida e só precisa estar totalmente consciente disso. Isso não é um fato, é uma atitude ou um sentimento; não se trata de uma crença e sim de uma certeza. A sua vida é sua. Sabendo disso, até quando vai se permitir ser uma vítima? Até quando vai deixar as páginas do seu futuro em branco? Que frutos pretende colher se não plantar nada? Até quando vai deixar que as outras pessoas escrevam a sua história?

Foco nas metas e objetivos

Agora que você sabe para onde vai, pode certificar-se de que cada um dos seus passos seja dado nessa direção. Concentre-se em seus objetivos e metas.

Os objetivos dão descrições concretas de onde queremos chegar ou o que estamos tentando alcançar, ou seja, o propósito. O objetivo é estratégico e abrangente.

No que tange à vida pessoal, pode significar cursar uma nova faculdade, emagrecer, dar um salto na vida financeira, casar, ter filhos, começar um *hobby* ou uma atividade física. Os objetivos são os sonhos, o que nos move e o que nos motiva diariamente.

Por isso, é essencial que estejamos preparados para traçar nossas metas, objetivos e realizar ações no sentido de concretizá-los.

Já no que diz respeito ao ambiente corporativo, um objetivo pode significar a implantação de um novo sistema dentro de uma empresa ou um novo *software*, com a estipulação de uma data de entrega, por exemplo.

> "Mesmo não atingindo o alvo, quem busca e vence obstáculos, no mínimo, fará coisas admiráveis."
> **(José de Alencar)**

Por que é importante investir em metas e objetivos?

Independente da área em que atuemos, precisamos estabelecer metas e objetivos, seja na vida pessoal ou na vida profissional. Digo isso, pois são eles que fazem com que tenhamos motivação diária para levantar da cama e realizar os feitos necessários para vê-los concretizados, principalmente quando o assunto são os objetivos.

As metas, sonhos e objetivos fazem parte de uma espécie de pacote, capaz de nos tornar seres cada vez mais realizados na trajetória pela vida. É por meio da concretização de cada um deles que conseguimos experimentar verdadeiramente o gosto e a sensação da felicidade em nossa jornada.

Sendo assim, é fundamental que tenhamos clareza do que queremos alcançar ao longo da vida e o que vamos fazer para atingir os sonhos e objetivos que traçarmos rumo à própria felicidade, uma vez que essa missão cabe somente a nós mesmos e a mais ninguém.

> "Um sonho é apenas um desejo até o momento em que você começa a atuar sobre ele e propõe-se a transformá-lo em uma meta."
> **(Mary Kay Ash)**

Empodere-se e seja uma pessoa determinada

Você é o único conhecedor de si mesmo

Ninguém o conhece melhor do que você mesmo. Você só saberá disso ao se descobrir por dentro, ao se aprofundar no seu autoconhecimento.

Você é como é. Está tudo certo com você. Não há nada a ser "consertado"

A forma como se vê depende da forma como se olha e o que aprende com isso. Se sendo quem você é está dando certo, então está tudo certo. Se você percebe que algo não vai tão bem assim, que tal aprender com isso?

> "Não se leve tão a sério. Permita-se dar alguns passos para trás e enxergar o panorama completo."
> **(Benito Costta, 2017)**

Supere o medo

O medo é a grande causa de paralisação. E acaba virando a grande desculpa para permanecer na sua zona de conforto. Primeiro, perceba-o, saiba que ele existe. Então, aceite-o e se pergunte se ele realmente é tão ruim. Qual é a pior coisa que pode acontecer? E o que você faria, caso ela acontecesse? Previna-se da melhor maneira e siga em frente.

Todos os recursos que precisa para o sucesso estão dentro de você

Se todo mundo consegue um feito, você também pode conseguir. Tudo depende de quanto se dedica e o quanto é capaz de investir para alcançar o que quer. A única diferença entre você e alguém que usa o máximo de todos os seus talentos e habilidades é o conhecimento de como acessar seus recursos na hora certa.

Momento zero

> "As competências individuais são representadas pelo conjunto de conhecimentos, habilidades e atitudes."
> **(Benito Costta, 2018)**

Se você está fazendo e não está dando certo, faça algo diferente

Spencer Johnson[1] mostra a diferença entre ratos e humanos no livro "Quem mexeu no meu queijo". Quando os ratos descobrem que o que estão fazendo não está funcionando, eles fazem outra coisa; se os seres humanos descobrem que o que estão fazendo não dá resultados, procuram alguém para colocar a culpa. Se você deseja obter resultados diferentes e melhores do que os que vem tendo, faça algo diferente.

Você cria seu futuro neste momento, no agora

É caminhando que se faz o caminho. E a caminhada inicia agora. Para alcançar o futuro que deseja, precisa começar hoje uma nova história. Pessoas de sucesso olham para o presente, pois somente este é capaz de ajudar a fazer uma nova escolha e evoluir, conforme suas possibilidades. O passado serve apenas para gerar novos aprendizados. Olhe para o seu presente, se desejar alcançar um futuro como sempre sonhou.

> "Eu treinei 4 anos para correr 9 segundos. Tem gente que não vê resultado em dois meses e desiste."
> **(Usain Bolt)**

Conclusão

Tenha objetivos claros. Ter objetivos claros nos faz agir hoje para conquistar sucesso, prosperidade e resultados extraordinários em nossa vida. Viver sem um norte pode ser, sim, um estilo de vida. Isso, porém, pode lhe custar o que você tem de mais valioso. Por que não trabalhar e agir hoje para fazer o seu futuro? Não podemos prever o futuro, mas podemos, sim, colocar nossas melhores energias, emoções e forças naquilo que pretendemos realizar.

---

[1] Spencer Johnson foi um escritor estadunidense, mais conhecido por seu livro motivacional, de 1998, intitulado "Quem Mexeu no Meu Queijo?".

Capítulo 5

Tudo muda... e muda tudo!

Bruno Ferreira Alegria

O ciclo da mudança está presente a todo momento. Até mesmo quando não fazemos nada, tudo pode mudar. Neste capítulo, abordaremos como a estrutura da mente age nos momentos em que as mudanças se aproximam e como podemos encontrar um benefício nessas encruzilhadas mentais.

Bruno Ferreira Alegria

Professor de graduação e pós-graduação desde 2005. Doutor em Ciências Jurídicas e Sociais. Palestrante e *Trainer* comportamental. Fundador do Alfa Instituto – Treinamento e Desenvolvimento Humano. Analista comportamental com certificação internacional pela BCI – Behavorial Coaching Institute. *Master Practitioner* e *Trainer* em PNL – Programação Neurolinguística. *Leader Coach,* certificado internacionalmente por: Behavioral Coaching Institute (BCI), Global Coaching Community (GCC), International Coaching Council (ICC) e International Association of Coaching (IAC) e International Coaching Masteries (ICM). Professor de Hipnose em Curso Livre e Hipnose Clínica, com formação pela Sociedade Brasileira de Hipnose – Hipnose Institute – Hi-Brain e A. C. Academia, em Hipnose Terapêutica. Professor em MBA's por todo o Brasil, em Desenvolvimento Humano e Psicologia Positiva.

Contatos
www.brunoalegria.com.br
brunoalegria@yahoo.com.br
LinkedIn: Bruno Alegria
Instagram: @drbrunoalegria

Se existe uma realidade que devemos aceitar na vida de qualquer ser humano, é que tudo muda. Tudo mesmo. Nada no universo conhecido se manteve igual desde o momento do seu surgimento.

Aliás, tudo que surge, na verdade, não surge, no máximo se reinventa, ressurge, ou como disse Antoine Lavoisier: "Na natureza nada se cria, nada se perde, tudo se transforma".

Esse conhecimento não é novidade. Ao filósofo pré-socrático, Heráclito de Éfeso (535 a.C. – 475 a.C.), é atribuído o pensamento de que um homem jamais poderá se banhar no mesmo rio duas vezes. Primeiro porque a água que ali passou não tornará a passar. Segundo, porque o homem se transformou química, fisiológica e até mentalmente. Aliás, Heráclito é responsável por reflexões de que tudo está em movimento, com exceção do próprio movimento.

Curiosamente, aceitamos com maior facilidade a natureza do fluir naquilo que podemos confirmar com a ciência. Temos a tendência em acreditar que o pensamento, a consciência e a nossa essência também se submetem ao mecanismo de constante movimento e mutação.

Mas tudo isso é culpa do bem articulado sistema de sobrevivência, da fabulosa estrutura de construção cerebral que o ser humano atual possui (fruto de um ciclo de mudanças, diga-se de passagem). Esse é um momento em que nosso cognitivo, racional pela consciência e irracional pela inconsciência, coopera com maior harmonia. Aí vão duas grandes verdades que precisamos estar cientes antes de qualquer processo de mudança.

Primeiro, o cérebro humano pensa sempre no caminho mais fácil, com menos gasto de energia e menos riscos. Segundo, os nossos medos, inseguranças e explicações plausíveis são as armas que nosso cérebro utiliza para justificar os caminhos escolhidos. Guarde essa informação, ela fará sentido nas próximas linhas.

Sobre o cérebro humano, especificamente ao nosso tema, a Neurociência aponta para a existência de três grandes sistemas em atuação: um de função perceptiva, que representa a atividade orgânica; o segundo, um sistema límbico, que lida com lembranças e emoções; um terceiro sistema, representado pelo córtex pré-frontal, característica exclusiva dos humanos, que o utilizam para a tomada racional de decisões.

De maneira resumida, sem aprofundar no viés científico, o primeiro sistema nos dá uma percepção do presente, enquanto o segundo compara com os fatos marcantes do passado, para que o último tome as decisões para o futuro.

O fato é que, muitas das vezes, a decisão é tomada pelo "juízo" (córtex pré-frontal), mas é motivada por experiências criadas ou idealizadas no sistema límbico.

Na prática, quando você, por exemplo, decide não colocar a mão no fogo, ou é porque já se queimou, ou é porque tem a capacidade de imaginar como seria. Para o cérebro, lembrar ou imaginar, neste caso, tem o mesmo impacto na decisão.

Por qual motivo estou dizendo isso tudo? Qual o sentido de entender na prática esta mágica estrutura de funcionamento do cérebro? Tenho certeza de que até o final deste capítulo, tudo isso fará muito sentido.

Então vamos falar sobre mudanças. A necessidade de mudança é algo que não merece aprofundamento. Todos nós sabemos que sem mudança não há progresso. Correto? Talvez nem todos nós, ou talvez, nem nós mesmos sempre soubemos disso.

Qualquer processo de mudança leva em consideração 04 etapas fundamentais:

1. Onde e como estou? **(estado atual)**
2. Como quero que as coisas sejam? **(estado desejado)**
3. Quais medidas devo adotar? **(recursos)** e;
4. Quais implicações podem ocorrer? **(riscos)**

Acontece que a maioria das pessoas pensa que a dificuldade é encontrar recursos, descobrir a ação perfeita, o caminho do sucesso, o segredo.

Eu também pensava assim. E justificava esse pensamento com uma armadilha chamada racionalização. Derrubava qualquer estratégia de mudança apresentando riscos e perdas muito grandes. A minha mente havia criado um modelo semelhante a um jogo de videogame, cheio de fases, em que cada passo dado na minha vida pessoal ou profissional abria uma nova porta a ser explorada. E sabe o que era mais interessante? Eu acreditava ser um verdadeiro gênio por conseguir 'prever o futuro'.

O que não sabia é que, quando o meu cérebro não encontrava riscos reais, criava no processo de imaginação essas consequências indesejadas e, no momento de tomar decisões, eu acreditava que todos esses obstáculos eram reais, concretos, inevitáveis. Consequência: nunca encontrava o caminho nem o momento ideal para mudar minha vida.

Em 2005, eu estava formado em Direito, cursava pós-graduação e comecei a ministrar aulas em uma universidade. Era uma experiência fantástica. Vinte e poucos anos e já advogado e professor universitário.

Então, sete anos depois a docência me sufocava, era uma média de nove turmas por semestre, aulas pela manhã e à noite, escritório de advocacia pela tarde, final de semana corrigindo provas, preparando aulas, lançando diários de classe. Não sobrava espaço para atividades físicas.

A alimentação precária, cheguei a pesar 152kg, não tinha qualidade de vida, nem ânimo para momentos sociais e familiares. Esse era meu estado atual.

Meu estado desejado era descansar à noite, ter *happy hours* com os amigos, viajar nos feriados, passear aos finais de semana, praticar alguma atividade física, manter um padrão financeiro e, obviamente, melhorar esse padrão.

O recurso que vislumbrava era a advocacia. E repetia um mantra todo santo dia: quando o meu escritório melhorar em clientes e renda, diminuo essa jornada de aulas, terei tempo para uma vida social, descansarei mais aos finais de semana e atingirei meus objetivos.

Mas, então, veio uma conclusão óbvia. Para o escritório melhorar, eu precisaria me dedicar a ele. Só que para me dedicar a ele, eu precisaria diminuir as aulas ou até interromper a docência por um tempo.

Pronto, meu modelo mental produziu uma dedução formidável para eu não mudar nada. Se tivesse que parar com a docência e o escritório não prosperasse, o risco seria muito alto. Um impacto financeiro que não sustentaria meu padrão de vida (que não estava disposto a reduzir) e, acima de tudo, a minha imagem profissional, a minha carreira, que estava em uma crescente construção. Na Programação Neurolinguística chamamos isso de colisão de crenças.

Outra coisa que descobri com esse momento, mas bem depois, é que o risco justificava minha inércia, porém não controlava minha insatisfação. Na verdade, a minha mente já começava a utilizar outra armadilha para justificar minha crescente insatisfação: a projeção.

Comecei a projetar a culpa em uma série de pessoas, de situações, de oportunidades. Pensava que o mercado não era favorável ou que eu já havia perdido o *timing* para mudanças.

O fato é que minha mente alimentava a cada momento uma gama de artifícios que justificassem a minha decisão de 'não decidir'. Talvez você também já tenha percebido situações como essa no seu passado. E em uma coisa possivelmente iremos concordar. Só temos a clareza das circunstâncias depois que a realidade nos conduz a perdas que rompem a previsão daquilo que até então era o melhor a ser feito. Ou, num português bem claro: a gente só percebe a importância de algo depois que passa.

De tal modo, posso dizer que o medo alimentado pelos riscos é mais grave do que a falta de recursos nos processos de mudança em geral.

Os recursos estão presentes e, quando não estão, podem ser criados, como diria Milton Erickson. Mas só poderão ser utilizados quando controlarmos o medo da mudança, real ou imaginário.

Talvez o que o impeça de buscar a mudança, como eu e a maioria das pessoas, seja o medo de enfrentar uma consequência que você mesmo julga existir e não ser capaz de superar. O medo de pagar um preço muito caro por algo que, muitas das vezes, sequer existe.

No entanto, me vejo na obrigação de o lembrar de que não há mudança sem sentir medo. O medo motiva a abandonar o estado atual e torna desafiador o estado desejado. O medo é combustível para a própria coragem. Caso contrário, tudo estaria normal. E é dentro desse cenário, de medo, de coragem, de vulnerabilidade, que as grandes coisas acontecem.

Em julho de 2013, fui dispensado daquela universidade. Naquele dia, saí da instituição, parei o carro em uma sombra, numa praça, duas ruas depois, e experimentei um processo de ressignificação em forma de choro.

Primeiro chorei de raiva, sem entender como eu, que vestia a camisa daquela instituição, era um ser tão facilmente substituível. O segundo momento do choro foi um misto de desespero e tristeza, ao enxergar o meu cenário de realidade. Junto a tudo isso, nascia uma série de arrependimentos: de ter me dedicado tanto àquele lugar, de ter ignorado pessoas e oportunidades, de ter ficado inerte.

Naquele momento, comecei a contrariar a lógica do meu roteiro de riscos. Eu não sabia, mas começava ali uma inversão no processo da colisão de crenças. A partir daquele momento, percebi que outras alternativas existiam.

Ao chegar a minha casa, contei para a minha esposa, que me disse: que bom, a partir de agora você terá tempo para focar no seu escritório. Talvez ela não soubesse (ou talvez sim), mas aquela simplicidade na sua frase alimentou mais ainda minha crença possibilitadora, que cá entre nós, ainda não sabia, que já sabia dessa crença.

Iniciei meu processo de adaptação à nova realidade. Dois meses depois, minha esposa engravidou do nosso primeiro filho, Arthur. Algo que sempre sonhamos foi ter um filho. Mas naquele momento de incertezas profissionais e financeiras? Então, movido pela vontade e pela necessidade, pequenas crenças possibilitadoras entraram em colusão para superar aqueles riscos narrados nas páginas anteriores.

O fato é que, à medida que os dias foram passando, pude perceber que, quanto mais lamentamos por não ter agido em momentos do passado, mais nos fechamos para as novas oportunidades que venham a surgir.

O mundo está aí, ciclando e trazendo novos caminhos a todo momento. Se nos prendemos a momentos passados, nos ocupamos com lamentações e não sobra espaço para enxergar o novo.

Veja só, o local em que estou hoje é, no mínimo, diferente daquele até mesmo sonhado lá no começo deste capítulo. Lá, não sabia que uma avalanche de acontecimentos poderia conduzir a tantas mudanças. Hoje consigo verdadeiramente perceber que os meus sonhos não cabiam dentro daquela vida que tinha. Mas também consigo reconhecer que, se não fosse por esse caminho, por algum outro seria. Acredito que possamos estabelecer nosso destino, mas não conseguimos controlar as paradas que acontecem nessa viagem.

Foi assim que o desenvolvimento humano surgiu na minha vida. Sabendo onde eu queria chegar, fui aproveitando a vista pela janela e conhecendo pessoas, experimentando oportunidades, chorando e sorrindo.

Se eu tivesse saído antes daquela instituição, provavelmente lamentaria por não ter continuado mais um pouco, acreditando que perderia oportunidades acadêmicas e profissionais. Por outro rumo, se continuasse sem mudanças, não sentiria a necessidade de estudar o desenvolvimento humano e não conheceria essa nova realidade, tampouco as pessoas que entraram nos meus novos ciclos.

Aquela instituição do início me rendeu um relacionamento que se converteu na minha família. Minha esposa me trouxe novas amizades que me apresentaram à PNL. A Programação Neurolinguística me trouxe novos amigos, que me conduziram a outras abordagens, outras instituições. Em uma dessas novas instituições, conheci amigos, estabeleci *networking*, e um dos inúmeros frutos são essas páginas que está lendo agora.

No final das contas, é pouco provável que você consiga prever todos os riscos. Mais do que isso, a busca pela previsão de riscos culmina em criá-los quando não encontrados.

Prefiro acreditar que não existe o erro ou o fracasso. Só existe um resultado diverso do pretendido, e a minha capacidade de aproveitar esse novo rumo é que define meu sucesso. Não foi assim que nos ensinaram a descoberta das Américas?

Atualmente adquiri uma concepção de que tudo muda, com isso, muda tudo. Arrisco até a dizer que almejar um único objetivo no futuro é utópico, ou até mesmo uma maneira distorcida. E que a mudança é que é, de fato, a lógica da vida.

Costumo dizer nas minhas palestras e cursos que o autoconhecimento é a capacidade que tenho de perceber quem sou, a partir da ideia de que: eu sou o resultado de todas as minhas experiências vividas.

Veja o caminho que o fluxo da vida tem me conduzido. Veja o caminho pelo qual o fluxo da vida tem o conduzido. E, independentemente do tempo, questione-se: será este o meu momento zero?

Capítulo 6

O poder da decisão: resgate sonhos impossíveis

Chirley Tavares

O objetivo desta obra é convidar o leitor a refletir sobre a importância de gerarmos, em nossas vidas, pensamentos de vencedores desde a primeira infância. Pela determinação, pelo esforço e pela superação, podemos eliminar as crenças que nos bloqueiam e que nos desviam do nosso grande objetivo, o sucesso.

Chirley Tavares

Palestrante, empreendedora, gestora de negócios regional - RJ e ES. Atua em empresa nacional referência no segmento de comunicação visual e têxtil. Possui destaque entre seus pares por sua garra, determinação e capacidade de superação. Vencedora, em 2014, da campanha nacional de vendas, o que a levou a participar da FESPA Cologne-Germany e conhecer Amsterdam. Graduada Tecnóloga em Gestão de Recursos Humanos e MBA em Gestão Empresarial Estratégica pela UNIABEU. Acumula diversos cursos de especialização. É consultora em Análise Comportamental IBC, Auditoria Contábil - CRC pelo Rio de Janeiro.

Contatos
chirleyassis7@gmail.com
Instagram: @tavares.chirley
(21) 97397-4694

Chirley Tavares

Quero convidá-lo a embarcar comigo em uma viagem que, para algumas pessoas, seria algo incrivelmente impossível. Mas a decisão é sua. É você que detém esse poder.
Todos nós temos ou já tivemos muitos sonhos. Não é mesmo? Sonhos que nos enchiam de expectativas e desejos. Porém, as decisões que tomamos e as escolhas que fazemos muitas vezes nos desviam dos nossos alvos, dos nossos objetivos.

De que maneira podemos agir para não permitir que nossos sonhos sejam furtados? Isso mesmo! "Furtado". Existem momentos em nossas vidas que somos traídos por nós mesmos, nossos pensamentos, nossas fraquezas e frustrações, que acabam alimentando nossa mente, implantando crenças que nos bloqueiam e limitam o nosso avanço.

Um dos estudos mais interessantes de John-Dylan Haynes sobre a forma como tomamos decisões demonstrou que decidimos cerca de sete segundos antes de sermos conscientes da nossa decisão e, aproximadamente, dez segundos antes de transformá-la em ação. Portanto, primeiro decidimos o que vamos fazer; depois, a informação chega como pensamento à nossa mente.

Para entender tudo que isso ocasiona, devemos considerar que o cérebro pode mudar a si mesmo. Assim, quando acreditamos que estamos mudando algo em nós, como parar de fumar ou iniciar a prática de exercício físico, o cérebro começa a se reprogramar para tornar isso possível.

Percebe que o poder da decisão é individual? Ele é meu, ele é seu, basta que haja a escolha de querer fazer. Mas sabemos que não é fácil. Então, você pode pensar: "para ela foi fácil", é bem-sucedida, construiu uma família, encontrou seu grande amor.

Mas nem tudo o que aparenta é a realidade. Vocês estão diante de uma órfã, de pai alcoólatra, aos doze anos de idade. Talvez pareça pouco. Mas, em 1988, aos quinze, perdi também minha mãe. Nessa época fiquei literalmente sem lenço e sem documento. Eu não tive sequer o direito de chorar. Para que ia querer o lenço? Documento? Não poderia tirar, dependia da abertura de espólio e conselho tutelar.

Momento zero

Frente a todas essas adversidades, decidi avançar. Coloquei o meu foco naquelas pessoas que poderiam acrescentar-me algo. Para alguns, isso poderia soar como uma forma de aproveitar-me das pessoas, apenas interesse. Mas não era isso. Apenas abracei com todas as minhas forças tudo aquilo que eu via como oportunidade e escolhi não ser vítima de mim mesma.

Agarrei-me aos estudos e, como gratidão, realizava serviços domésticos na casa da minha irmã mais velha, que financiava meu colégio, o qual era na ocasião um dos mais caros da região, algo em torno de um salário e meio.

Já no segundo ano do segundo grau (atual Ensino Médio), aprendi a calcular o imposto de renda e passei a fazer dos meus irmãos mais velhos. E isso era o que me garantia a possibilidade de comprar um livro, um sapato, uma roupa, ir a um cinema, ou seja, uma despesa a menos para aqueles anjos que me ajudavam.

Criei alianças com amigos do colégio, gerei relacionamentos que me abriram a mente e me apresentaram o mundo. Como a frase do grande empreendedor e palestrante Jim Rohn, "você é a média das cinco pessoas com quem mais convive". Com certeza, você já deve ter ouvido falar disso em algum momento de sua vida.

Após concluir o segundo grau, participei da primeira entrevista de emprego. Aquela que foi a primeira e única indicação que tive para emprego na vida. A vaga era para recepcionista. Mas, para realizar essa árdua tarefa naquela empresa, o profissional deveria ser quase um Joseph Climber. Era necessário: atender uma central de telefônica PABX com 12 linhas (isso em 1992), receber e passar *fax*, atender e realizar chamadas em um sistema de rádio amador (PX), o qual era conectado em todos os imóveis e automóveis do denominado Zero Um "Presidente da Empresa" (fazenda, lanchas, ilha, helicóptero e quatro unidades organizacionais).

Para minha surpresa, a psicóloga se recusou a me contratar porque eu possuía um perfil muito calminho para realizar tal trabalho. Que frustração! Mas este foi o melhor não que recebi em toda minha vida. Uma semana depois fui contratada para área contábil-fiscal desta mesma empresa que, quando necessário, cobria a recepcionista naquela função que fui reprovada. Desde 1992, não parei mais de trabalhar.

Percebem que às vezes até as negativas que recebemos podem nos elevar? Mas quem disse que meus sonhos encerravam ali? Na verdade, estavam apenas começando. Eu queria mais da vida e sabia que poderia conquistar cada sonho gerado em meu coração.

Sonhava em me graduar, comprar meu carro e viajar. Do amor, já havia desistido. Franzina, cabeça e bumbum grande. Se fosse hoje, diriam que era *bullying*, em função do meu biotipo um dos meus apelidos era Formiga Saúva. Mas eu não tinha tempo a perder com coisas pequenas, pois sabia que tinha muito a conquistar.

Em diversos momentos, as frustrações me convidavam a parar de sonhar. Sei que tive grandes livramentos de pseudo-namorados, nos quais acreditava serem o grande amor da minha vida, a solução dos meus problemas. No fundo do meu ser, em meu íntimo, algo me reanimava, lembrando-me de que a solução para tudo aquilo que buscava estava em mim, na minha mente. A decisão estava em minhas mãos.

Talvez tenha sido nesse tempo, lá pelo ano de 2001, que consegui obter o controle da minha vida, fortalecendo uma mente de abundância que me levou a despertar "o poder da decisão". Então, resgatei meus sonhos antes impossíveis.

Busquei realização profissional, sempre estudando. Tive acesso à graduação dos meus sonhos, Ciência Contábil. Mesmo com limitações financeiras e a interrupção do sonho, não desisti. Troquei de emprego, saí do comércio e fui para a indústria com foco em melhorar minha renda.

Pedi demissão e fui rumo ao meu sonho. Porém, com uma semana naquela empresa que seria a virada de chave financeira, descobri que a empresa dos sonhos estava em processo falimentar. Como precisava trabalhar, por lá permaneci por oito longos meses. Quando fui para o segmento de moda, padeci por três anos me deslocando da Baixada à Zona Sul.

No primeiro ano nessa glamourosa indústria da moda, a qual atendia a nata da classe "A" da sociedade do Rio de Janeiro e restante do Brasil, aproveitei as primeiras férias para realizar um processo seletivo em outro estado. Apesar de ter tido sucesso e aprovação, optei em não ir. As decisões antes tomadas sem análise me ensinaram que precisamos aprender com os erros, sejam nossos ou de outrem. Frente à experiência negativa antes experimentada, busquei por mais dados sobre aquela empresa, seus valores e missão para ajudar na tomada de decisão. Fiquem atentos aos detalhes para terem a certeza de suas decisões, mesmo que seja apenas naquele momento.

Nesse tempo estudei incessantemente nas horas vagas, buscando novas oportunidades. Para isso tive que dar um passo atrás em termos de remuneração, mas foi a decisão mais acertada em minha vida profissional. Dei início a minha graduação.

Momento zero

No decorrer do curso, participei em um projeto de consultoria e palestras em parceria com mais três amigos. Esse projeto me encheu de alegria e de mais sonhos. Ele nos proporcionou tornarmos referência naquela que foi a segunda turma de Tecnólogo em Gestão de Recursos Humanos da instituição, a qual elevamos o conceito no ENADE incluindo-a como a melhor universidade para o curso no Rio de Janeiro e a segunda no Brasil. Que honra ter feito parte disso!

Em meu último ano de graduação, em 2010, conheci aquele que se tornaria meu parceiro de vida: marido, amigo e apoiador incondicional. No ano seguinte, recebi de minha diretoria o convite para assumir a gestão da unidade de negócios do Rio de Janeiro.

Tudo isso aconteceu por uma decisão que tive em não me colocar como vítima, de entender que sou dona de minhas ações, que cada movimento que fazemos reflete em nosso futuro, seja positivo ou negativo. Por isso, ouse e acredite, é sonhando que realizamos.

Após assumir, aos 38 anos, o primeiro cargo verdadeiramente de liderança na carreira, já me sentia realizada e acreditava que ali havia alcançado minhas expectativas profissionais. Mas o desafio de ser líder me trouxe muitas surpresas. O líder é solitário, não pode agradar a todos, gera desafeto. Nesse tempo, eu já cursava MBA em Gestão Empresarial Estratégica.

Vocês lembram quando mencionei que estudava constantemente? Então, esse esforço na busca pelo conhecimento me permitiu assumir um cargo de gestão comercial, mesmo nunca tendo atuado como vendedora na vida. Por esse motivo, experimentei reprovação de subordinados que não acreditavam em mim. Mas, com o apoio da minha diretoria e sabendo o quanto eu havia me preparado para estar ali, não desisti e avancei, porque tinha um sonho. Sonho este gerado em minha infância e que até aquele momento, quando assumi a nova função, não havia refletido acerca dele. Estava adormecida em meu subconsciente.

Nascida como a oitava filha de uma família totalmente desestruturada financeira e emocionalmente, fui cuidada quando bebê por irmãos poucos anos mais velhos, visto que minha mãe trabalhava. Desde o momento que passei a me perceber como pessoa, por volta dos cinco a sete anos, me sentia uma pessoa bastante inconformada com a situação a minha volta. Mas eu tinha um sonho.

Ainda criança, minhas brincadeiras eram sempre como líder daquele setor/empresa ou chefe, que era o termo usado naquela época, o que já sinaliza uma mente de abundância. Eu via oportunidades onde outros viam problemas.

Não tínhamos condições financeiras para realizar viagens de férias. Mas, na volta às aulas, minha redação escolar relatava minhas viagens às cidades do estado do Espírito Santo, em que ouvia histórias de minha mãe sobre onde havia passado sua infância. E pasmem, já visitei Guaçuí, Cachoeiro do Itapemirim, passei também pela cidade de Alegre. E lá pensava: "Nossa! Era disso que ela falava!".

Ao ser levada por minha irmã mais velha aos museus, onde eu realizava pesquisas ou simplesmente a passeio nos finais de semana, sonhava que minha primeira viagem internacional seria para a Europa.

Em 2014, após entregar como resultado um crescimento de 33,4% frente ao ano anterior, fui vencedora da campanha nacional como a melhor gestora do grupo. Como prêmio, ganhei uma viagem que minha mente de abundância sugeria. Pude então realizar meu sonho e conhecer a Alemanha e Amsterdam, na Holanda. Isso tudo só foi possível, porque eu tive um sonho. Por ele, acreditei e persisti.

Baseado na obra *Relacionamento interpessoal*, de Maria do Carmo Nacif de Carvalho, compartilho com vocês sete poderosos elos que o levarão a tomar posse do poder da decisão e resgatar seus sonhos, antes considerados impossíveis:

1. **Impaciência:** transformada em ação/atitude, pois quem busca um sonho não fica esperando as coisas acontecerem. Vê os problemas de ontem como as oportunidades de hoje;
2. **Inovação:** aceitando conselhos e orientações que contribuam com seu amadurecimento. Pois quem busca um sonho acredita que tudo pode ser diferente do que é. Mas é preciso buscar um caminho que ainda não foi percorrido;
3. **Aprendizado:** reforçando a busca pelo conhecimento, pois quem busca um sonho estuda e o aprendizado é que nos permite encontrar novas soluções para problemas antigos;
4. **Teimosia:** usada, nesse contexto, como foco e persistência, pois quem busca um sonho pode ser flexível no seu caminho, mas está ao mesmo tempo concentrado em seus objetivos. Esse tipo de teimosia sempre busca todas

as alternativas possíveis; por causa disso, os resultados acabam acontecendo;

5. **Gratidão:** tenha bom humor e seja grato, pois quem busca um sonho tem momentos difíceis, mas sua automotivação o faz lembrar que ainda existe um mar de oportunidades após o túnel que poderá ser conquistado;

6. **Sedução:** valorize sua família e amigos, seduza-os, pois quem busca um sonho consegue fazer com que outras pessoas se interessem por seus ideais;

Para fecharmos, use o...

7. **Contágio:** encontre parcerias, pois quem busca seu sonho tem a capacidade única de fazer com que as pessoas ao seu redor percebam que vale a pena seguir seu exemplo.

Seja a inspiração a essas pessoas, faça-as perceberem que tudo é possível quando você acredita.

> Não sei se a vida é curta ou longa demais para nós, mas sei que nada do que vivemos tem sentido se não tocarmos o coração das pessoas.
> **(Cora Coralina)**

Referência
CARVALHO, Maria do Carmo Nacif de. *Relacionamento Interpessoal - como preservar o sujeito coletivo*. São Paulo: Ed. LTC, 2009, pp. 20-21.

Capítulo 7

Ser consciente coerente

Claudio Luiz dos Santos

Neste capítulo, você se tornará responsável pela sua vida, despertando para uma plenitude pessoal, familiar e de trabalho. Terá a possibilidade de desconstruir várias memórias e as reconstruir com ressignificado atual. Quando você está presente na sua missão de vida, conecta-se diretamente com o que é importante para sua existência e propósito.

Claudio Luiz dos Santos

Fisioterapeuta graduado pela Funec-Fisa de Santa Fé do Sul – SP (2002), com pós-graduação em Terapia Manual e Postural (Maringá). Formado em Microfisioterapia, Leitura Biológica, Constelações Familiares, *Psych-K*, Ativismo Quântico. *Head Trainer* em Treinamento Comportamental. Criador do Método Saúde Emocional DNA CS e do treinamento SER Consciente Coerente.

Contatos
ftclaudios@hotmail.com
Instagram: dr.claudiosantos

> "Se quer ir rápido, vá sozinho. Se quer ir longe, vá acompanhado."
> **(Provérbio africano)**

Quando chegamos ao mundo por nossos pais, trazemos uma série de informações inconscientes. Com o nosso desenvolvimento, no passar dos anos, vamos moldando nossas crenças, hábitos e personalidade, assumindo uma vida cheia de tarefas.

Se você tivesse a oportunidade de voltar no tempo e se recriar, quais seriam as suas escolhas? Acreditaria em tudo o que foi lhe ensinado? Usaria seu tempo para fazer as mesmas coisas? Agradeceria mais? Julgaria menos? Responder a tudo isso com a idade atual nos traz muitas dúvidas possivelmente.

A vida nos proporciona oportunidades e nossas escolhas estão atreladas muitas vezes a nossa cultura, algo que recebemos de nossa família. Recebemos também muitas informações na escola. Acredito que todas as nossas bases são aprendidas em momento de imaturidade, dependendo totalmente dos que nos cercam, ou seja, do ambiente em que vivemos.

Que tal seria se recebêssemos todo o nosso conhecimento em ambiente seletivo onde o processo seria um treinamento do cérebro diante das nossas capacidades do momento e escolhas? Acredito que conhecer a questão principal ou a causa original da desordem, bem como tomar consciência, possa permitir que a energia dessa disfunção desapareça de maneira gentil, sutil e fácil. Para isso, vou apresentar ferramentas com as quais espero que você encontre soluções e respostas para que tome consciência e siga o caminho da leveza e da coerência.

Estamos conectados

Temos aquelas famosas frases: o todo representa as partes e as partes representam o todo e o átomo constitui a matéria. Em tudo podemos usá-las, porém ignoramos na maioria das vezes.

Você não faz um bolo sem os ingredientes, não existe corpo humano sem células, não existem frases sem palavras. O que você pode fazer é mudar, adaptar, transformar as informações, usar ingredientes para fazer outro alimento, células podem formar outros seres vivos e até usar *emoji* para formar uma frase. E vão entendê-lo.

O importante é você compreender que somos conectados de alguma forma. Isolar as partes o faz um especialista em partes; quando só olhamos o todo, o faz especialista no todo. Ficou ruim essa frase? Vamos agora começar a refletir sobre como isso acontece na nossa vida.

Nosso cérebro é uma máquina incrível de interpretação de informação e possui todo um sistema de funcionamento. Porém, toda a análise depende das percepções que vivemos e recebemos dos nossos ancestrais. Então, se você pensar bem, não podemos considerar as informações somente como pensamos, mas como sentimos.

Você sabe que uma barata não vai matá-lo, porém a maioria das pessoas quando visualiza uma entra em pânico. A pergunta é: qual a história que a pessoa tem a contar sobre a barata e o pânico?

Nesse momento, deixamos o pânico de lado e focamos na história, assim vamos entender a causa que faz a pessoa perder o controle de si. Aqui começamos a ter mais elementos, não só aquela pessoa, mas a experiência dela com outros elementos que podem ser também aranha, dirigir, voar, elevador etc. Nosso cérebro registra nossos traumas com muita facilidade, para sobreviver, gastar o mínimo de energia e se adaptar. Essa é nossa base reptiliana.

A observação e a contemplação

A experiência clínica me levou a buscar entender por que as pessoas se comportam de maneira diferente, sendo que somos formados da mesma forma. Cheguei à conclusão que somos individualidades, passamos os mesmos processos de embriogênese, mas não as mesmas experiências. Existem diferenças de culturas e hormônios. Nossos ancestrais vivenciaram muitas coisas e transmitiram isso de várias formas. Cabe a nós fazermos melhor ou mesmo diferente para sair da situação que nosso cérebro não está aprovando, fazendo algo para sobreviver, se adaptar e gastar o mínimo de energia possível.

A sobrevivência

Muitas pessoas ignoram a formação do nosso cérebro e mesmo a forma como ele funciona, porém temos a filogênese e ontogênese, que explicam como tudo aconteceu, e a embriogênese, que detalha cada fase da nossa vida. Temos o cérebro trino, sendo o reptiliano a nossa base e primeira fase de desenvolvimento de nossa vida, responsável pela nossa sobrevivência, adaptação. Temos o sistema límbico, que é nosso corpo emocional, responsável pelas nossas trocas, o neocórtex, que é responsável pelo nosso sistema consciente. Gosto de usar a tradicional analogia da Neurociência exemplificando como funcionamos relacionando com a imagem do iceberg.

Funcionamos em ondas de frequência *delta* (sono profundo, inconsciente), *theta* (sono criativo), *alfa* (consciência calma, prazer), *beta* (consciência focalizada) e *gama* (pico de desempenho). As crianças de 0 a 2 anos vivem em frequência delta (sem filtro, estado programável); de 2 a 6 anos, em *theta* (estado programável); de 6 a 12 anos, alfa; de 12 anos em diante, *beta*.

A tomada de consciência

Hoje tenho a maioridade diante da minha formação, 18 anos de formado, e sempre busquei ler muito, fazer cursos e aplicar cada aprendizado em minha vida, na minha família (sou casado há 17 anos e tenho 2 filhos), só depois colocar tudo em meu consultório. Posso dizer tranquilamente que sou consciente coerente e meu conhecimento é a essência da minha vida, 100%. Assim sendo, convido você, leitor, a ser responsável 100% por sua vida, pela teoria e prática. Até hoje seus conhecimentos o conduziram até aqui. Pare por 1 minuto, feche seus olhos e respire fundo por 60 segundos. Sinta o ar entrando pelo nariz até chegar aos pulmões; depois, saindo em direção à boca, como se tivesse assoprando a chama de uma vela sem apagá-la, fique nesse processo e sinta o que acontece com seu corpo, com seus pensamentos. O natural é que você se acalme.

Agora, com frequência cerebral baixa, pode observar tudo com mais calma. Todo o processo de entrada de informação do seu corpo está aberto, se permita continuar e desconstruir suas informações. Depois de finalizar este capítulo, reconstrua tudo da forma como preferir, esta é a oportunidade que lhe ofereço.

Momento zero

Permita-se

Como dizia Albert Einstein: "A imaginação vem antes do conhecimento". Aprendi fazendo um curso sobre Taoísmo que a observação e a contemplação são parte da sabedoria milenar e que na vida precisamos fazer pausas. Afinal, somos parte da natureza e nenhuma árvore dá fruto o ano todo, nenhuma planta floresce em todas as estações, logo precisamos de intervalos.

Somos direcionados a sermos excelentes alunos, dedicados e focados. Porém, como lidar com as frustrações se, quando nosso cérebro está em formação e aprendizado, somos penalizados? Quando crescemos, usamos este cérebro que não pode falhar. Na natureza, quando um animal falha, ele tenta novamente, sem julgamento algum.

Nosso cérebro trabalha com aprendizado e a principal fase é gestação e infância. Trazemos muitos hábitos dessas fases, somos totalmente dependentes das experiências dessas fases, ou seja, dos adultos que nos direcionaram.

Temos muitas técnicas dizendo sobre criar hábitos, repetições, rotina e assim podemos mudar tudo, a partir da individualidade, dentro de uma enorme diversidade. Tudo que você colocar em repetição na sua vida vai trabalhar a neuroplasticidade cerebral, capacidade de criar uma forma nova de funcionamento do cérebro. Perceba que oportunidade incrível que a natureza nos oferece de mudança consciente.

O que realmente precisamos saber?

Vivemos em uma rede de informação. Assim, alimentamos nosso cérebro, gerando a frequência cerebral pelos impulsos elétricos que vão gerenciar nossas ações e centros de controle, nossa produção de hormônios positivos ou negativos. Tudo depende do que você vive, de como interpreta o ambiente. Se estiver tudo em equilíbrio, a saúde está mantida, seu físico, emocional, mental e espiritual estarão alinhados.

A grande questão é: o que acontece com seu cérebro quando em desequilíbrio, quando você não consegue reagir, quando a frequência está em estresse e o gerenciamento começa a tentar protegê-lo com algo que chamamos de doenças?

Vou dar 2 exemplos:

1. Aprendemos na faculdade que febre é seu sistema de defesa trabalhando para protegê-lo, logo, todo processo

inflamatório é um momento de defesa do organismo. Devemos cortar essa fase ou apenas contê-la?;
2. Imagine você caminhando descalço e pisando em algo que corta seu pé. Vamos eliminar a palavra dor do nosso vocabulário até terminar este parágrafo. Com o corte vem o sangramento. A ferida aberta pode causar uma infecção e até custar sua vida.

Vamos voltar com a palavra dor ao nosso vocabulário. A dor vem para proteger? Trazendo a soma de tudo que já lemos neste capítulo, sabemos que nosso cérebro funciona de maneira autônoma, nos protegendo e criando adaptações para nossa sobrevivência. Quando precisa gastar energia, vai poupar em outros centros de gerenciamento. Uma máquina perfeita. Mal compreendida.

Como SER Consciente Coerente
Esse é um convite para participar de maneira Consciente e Coerente da sua vida, buscando cada vez mais conhecimentos, menos julgamentos e mais observação, podendo assim SER coerente com aquilo que você conhece e acha correto.

Vivemos em julgamento sobre pessoas que bebem, roubam, usam drogas, fumam, são sedentários, obesos, enfim, sabem que estão errados e, mesmo assim, continuam fazendo, e nós julgando. Quando adquirimos uma visão de observação, podemos coletar informações e respeitar (que é diferente de aceitar) que aquela pessoa tem algum problema e esse cérebro inconsciente, em sua maior parte, mas veloz e com hábitos para a sobrevivência faz isso para "sobreviver".

Achamos que somos donos da verdade, porém temos culturas diferentes. Basta você viajar alguns quilômetros para entender o que chamo de cultura. O Brasil é um país enorme, cheio de cultura, sotaques e climas. Quem tem a razão diante de uma verdade? Precisamos manter o respeito e o amor. Gosto também da visão sistêmica que fala de pertencimento, ordem e equilíbrio.

Saiba o seu lugar no mundo, diante da sua família, diante do seu trabalho, diante de si mesmo. Tenha compaixão e não se esqueça da autocompaixão. Temos um presente preciso, aqui e agora. Aproveite a vida. Respire, observe e faça de alma.

Momento zero

O que você vai ser quando crescer?

Seja aquilo que você fala, o que faz seu coração bater. Quando terminar esta vida o que vão falar de você? Longe de ser famoso. Faça algo por você, sinta-se útil. Todos os dias podemos começar do Zero. Aliás, você pode recomeçar a qualquer momento. Seu passado foi aprendizado, o futuro vai depender do seu agora. Então, minha última frase deste capítulo, onde coloquei minha essência de vida, é: sendo esta uma oportunidade de SER Consciente e Coerente, o que você vai fazer agora sendo o seu Momento Zero?

Capítulo 8

Vencer sempre é possível

Gabryella Beatriz

No ano de 1998, o destino escolheu, para unir duas almas gêmeas, um lindo casal. A união em pouco tempo presenteou o casal com um milagre, Gabryella veio ao mundo com um grande dom: acreditar na vida. Ao ler este capítulo, você irá conhecer a história de uma criança que sobreviveu a grandes desafios, doença e preconceitos.

Gabryella Beatriz

Gabryella Beatriz, uma menina que nasceu em meio a muitas dificuldades, desde sempre enfrentou desafios e, mesmo com pouca idade, foi a prova viva de um milagre. Sempre com o apoio da família, nunca desistiu dos seus sonhos e objetivos. Com apenas 14 anos, entrou para uma instituição de *Coaching* chamada Shalom El Shaday e foi só o começo. Lá, teve a certeza de que um dos seus objetivos na vida é ajudar pessoas por meio de palestras e conversas e que, sim, é possível mudar se mudarmos o nosso *mindset*.

Contato
Instagram: gabryella.beatriz

Tudo começou no século passado...
Josefa já sentia dores de parto, ansiosa para ver sua mais nova razão de viver, porém ainda havia preocupações com seus outros três filhos, que ainda eram pequenos.

Sendo assim, em uma terça feira, em 10 de julho de 1984, às 8h07, mais um dia inesquecível na vida de Odair e Josefa, onde puderam escutar o primeiro choro e ver o rostinho de sua nova filha, a pequena e doce Fabiana.

Depois de três dias dentro do hospital, chegando em casa, houve festa com a chegada da mais nova integrante da família.

Eram muito simples, seu pai trabalhava em uma padaria e sua mãe, diarista, em casa de família, mesmo com todos os esforços que seus pais faziam para manter a casa, eram uma família com poucas condições financeiras, mas da mesma forma as crianças sempre sorriam e recebiam seus pais com alegria, o que servia de incentivo a eles.

Criando seus próprios brinquedos, os pequenos se divertiam e, assim, amenizavam a falta que sentiam de seus pais.

Fabiana brincava com Odirlei, seu irmão, de casinha, onde desempenhava o papel de mãe, e ele de pai, com sua boneca como filha, e assim foi se criando o desejo de se tornar mãe de uma garotinha.

Nessa mesma época, a 120 quilômetros de distância, em São Paulo, estava Carlos, com apenas 5 anos, também com 3 irmãos, e sendo em comum com Fabiana, também um residente de uma família simples e humilde, onde seu pai trabalhava em um minimercado e sua mãe, dona de casa.

Havia no coração desse pequeno garoto o desejo de construir sua família e assim ser pai de uma menininha.

Anos depois, por um ilustre ato do destino, duas almas gêmeas iriam se juntar.

Graças a uma confraternização, arranjada por um amigo em comum, Carlos e Fabiana ficaram marcados com um lindo sinal... o amor.

Momento zero

Com o passar do tempo, houve mais encontros, e a cada um deles o sentimento aumentava, os sonhos se uniam e assim surgiu o desejo de juntos formarem uma família.

Com poucas condições, a distância se tornou uma barreira, mas a mensura desse empecilho não era significativa, graças ao amor dos dois. Mesmo com todas as dificuldades, namoravam por meio de cartas, *bip* e telefones públicos.

Passado algum tempo, juntos Carlos e Fabiana, decidiram se unir e tornar o sonho de serem uma família realidade.

Fizeram o possível e o impossível para seu casamento se realizar, sabendo que cada gota de suor seria recompensada.

Depois de tanto esperar, o tão sonhado dia 8 de setembro de 2001 chegou, e tudo corria bem, até mais do que esperavam. Tudo estava lá, o belo salão, os padrinhos e madrinhas, os pais, familiares, amigos e todos aqueles que puderam esperar e, então, contemplar a bela e exuberante cerimônia.

Chegando então o horário de 19h10, as portas se abrem para a entrada da princesa Fabiana, e então todos puderam vê-la e aplaudi-la, como ela realmente merecia e havia sonhado.

Agora casados, Carlos e Fabiana tiveram de se adaptar aos diferentes hábitos e novas descobertas. Com suas poucas condições, foram morar em uma casa com várias outras no quintal, que era pequena, mas muito confortável.

Após um curto período, Fabiana começou a sentir alguns desconfortos e suspeitou de uma gestação. Havendo a confirmação de suas suspeitas, a ansiedade deu conta de tomar o coração de todos à sua volta, afinal, Fabiana estava gravidíssima.

Ainda não sabendo o sexo do bebê, os futuros pais optaram por um quarto verde água, sendo assim uma cor para os dois sexos.

Então, chegado o oitavo mês de gestação, veio a notícia de que Fabiana estava gerando uma menina.

A garota nasceria em um hospital particular, "Hospital Jardins", pago pelo convênio da empresa de Carlos. Nesse hospital foi feito o acompanhamento, e Fabiana seguiu rigorosamente a todas as orientações.

Em 22 de maio de 2003, todos tiveram de se dirigir ao hospital, pois a garotinha estava chegando, e pela ausência de dilatações, ela veio ao mundo por uma cesariana.

Exatamente às 18h15, Gabryella Beatriz chegou chegando!

Carlos, ainda na sala de espera, aguardava ansioso para enfim ter sua filha em seus braços.

Gabryella Beatriz

Recebendo a chamada para adentrar a sala e ver sua filha, Carlos pegou sua câmera e bateu muitas fotos rapidamente. Para sua infelicidade, na hora de revelar tais fotos, recebeu a notícia de que o filme havia sido queimado e, assim, não sobrou nenhuma recordação daquele momento.

Voltando agora como pais para casa, estavam Carlos e Fabiana realizados, sendo esse o primeiro contato dos dois com tal sentimento. Tendo em mãos uma criança agitada, que pouco dormia e mamava, os dois começaram a ficar um tanto quanto preocupados.

Fabiana, ao trocar as fraldas da criança, percebeu que em seu corpo havia algumas manchas vermelhas.

Levando a bebê ao médico, foi dito que poderia ser apenas uma alergia de algo que Gaby usava.

Fizeram vários testes, chegando assim a usar até fraldas de pano e algodão para limpá-la, e perceberam que ainda assim as manchas não desapareceram.

Como só se alimentava de leite materno, os médicos começaram a se preocupar.

Um certo dia, a neném estava muito ruim, com suas manchas espalhadas pelo corpo inteiro.

Sua mãe entrou em desespero ao ver aquela situação. Tomando a decisão de ir para o convênio, houve ainda mais uma dose de desespero no caminho, pois Gaby chorava muito e de suas manchas vertia sangue.

Ao chegar ao hospital, Fabiana recebeu a notícia de que o convênio não havia sido pago pela empresa, a mãe entrou em desespero por conta da distância e ela estar dependendo de transporte público.

Em meio a tal preocupação, uma ligação de seu marido foi o que a aliviou, pois Carlos disse que iria buscá-la.

Uma simples carona seria a solução para esse enorme problema.

Ao se encontrarem, houve grande espanto, tanto da parte de Carlos como de seu amigo. Comovido com a situação, Thiago contou sobre sua mãe, que tinha contato com uma médica especializada em dermatologia e disse que iria tentar arrumar algum jeito de ajudar Gabryella.

No dia seguinte, a família recebeu uma ótima novidade. Gaby seria atendida pela médica citada por Thiago e, para melhorar, a consulta seria no mesmo dia.

Chegando até a médica, ao se deparar com as manchas, a especialista pediu uma biópsia, para confirmar suas suspeitas.

Momento zero

Sabendo das poucas condições da família, a doutora conseguiu com alguns contatos exames gratuitos.

Feitos os exames, a especialista não trouxe boas novas sobre Gabryella. A garota estava tomada por uma doença chamada psoríase, a qual consiste em uma série de manchas que causam coceiras e poderiam afetar 75% ou mais do corpo.

Gaby, a partir daquele dia, teve várias restrições, como: não poderia usar roupa com cores vivas como, por exemplo, vermelho e vinho.

Sem contar que não poderia ficar exposta ao sol, areia, terra, vento frio e mudanças climáticas, afinal, o ar muito seco a prejudicava.

Sua alimentação também era regrada, pois não poderia se alimentar de alguns alimentos como: tomate, morango, leite fermentado, iogurte, bala, pirulitos, doces e guloseimas, que toda criança na sua idade gosta, e todos os produtos artificiais também eram restritos.

Houve orientações sobre o banho de Gaby, que poderia conter amido de milho ou camomila para amenizar a coceira.

Ao lavar as roupas, a mãe também deveria tomar cuidado para não usar produtos químicos, para que não houvesse mais irritações.

Em todos os lugares, havia perturbações, pois as pessoas não queriam muito contato com a criança, por conta de um possível preconceito.

Com o agravamento de seu quadro clínico, Fabiana achava constantemente no berço de sua filha alguns pedaços de pele, devido a sua constante descamação.

Para evitar insetos, os pais de Gabryella usavam bacias com água para dificultar a entrada das pestes no berço.

Assim era a vida de Gaby, cercada de preconceitos e dificuldades. Como a vida não é composta somente por pessoas preconceituosas, estiveram sempre também do seu lado pessoas com pensamentos positivos, mandando energias boas, orando, rezando, trazendo fé e força para a luta, dia após dia.

Em um desses dias, parecia que ela estava bem pior do que em todos os outros, sua mãe, como de costume, levou a filha até a médica, mas ao chegar lá a especialista relatou que a menina estava cada vez pior e que sua saúde estava tão frágil como a de um passarinho, se ela não tomasse cuidado, estaria prestes a perder a vida, orientando a mãe que dedicasse 100% de sua vida para a criança, abrindo mão do seu serviço, que havia conseguido há pouco tempo.

Sua mãe, ao ouvir todos aqueles conselhos, vindo de uma profissional da Saúde, não se conteve e chorou, logo depois foi para sua casa com muitas dúvidas, pensando em que atitude tomar, o que fazer, como amenizar todo esse sofrimento, para que as palavras da doutora não se tornassem reais ao ponto de perder sua filha.

Aguardou o seu esposo chegar do serviço, relatou tudo que havia passado naquele dia e o que ainda estava por vir, se não tomassem a atitude correta.

Passou-se um tempo e o casal recebeu uma ligação de certos conhecidos, que marcaram um encontro.

Com a visita de amigos que foram a sua casa para orar e pedir à Deus um milagre, um grande movimento se iniciou, e a energia positiva, que por algum momento se enfraqueceu, agora retornou e estava muito mais forte do que antes.

Você, amigo leitor, não sei em que acredita, a quem pede, o que segue, mas pode acreditar neste caso, pois de uma forma inexplicável, a partir daquela noite, Gaby começou a ter melhoras, tanto que dormiu a noite inteira, coisa que nunca tinha acontecido antes.

Após a visita, Carlos e Fabiana acharam por bem fazer novos exames, para descobrir a situação de sua filha. E para a surpresa deles... Gaby estava totalmente curada!

Por ter sido um verdadeiro milagre, foi-se criando uma força interior, onde tudo que ela desejava e buscava com muita fé se realizava.

Desde sempre a garota teve muitos sonhos e, entre esses, estava o de ter um irmãozinho.

O que ela não sabia era que devido a uma retroversão no útero de sua mãe, ao seu nascer, as chances de engravidar novamente eram mínimas.

A situação foi explicada para Gabryella, mas ela, compreendendo os fatos, não ficou muito satisfeita, e assim, cheia de fé, correu para seu quarto e pediu ao seu Deus, que ele ouvisse seu desejo e o cumprisse.

Os pais, vendo sua filha sempre acreditando, começaram a criar em si mesmos também uma certa expectativa.

Passado algum tempo, sem desconfiar de nada, Fabiana foi ao médico, devido a alguns desconfortos.

Com todos os exames feitos, o único que apontou resultado positivo foi o de gravidez.

A partir dessa realização, todos os sonhos vieram aos poucos, tornando-se realidade.

Momento zero

Querendo agora aprender música, Gabryella também não ficou por um minuto desacreditada e, graças a isso, seu aprendizado também foi esplêndido.

Como toda garota, sempre houve em seu coração o desejo de uma festa de 15 anos, porém Gaby não queria nada que fosse algo comum e, com isso, também foi necessário o exercício das suas boas energias e de sua fé.

Conversando com algumas amigas de família, Gaby contou sobre todos seus sonhos em relação à festa e, comovendo-as, elas se dispuseram a ajudar.

Chegado o grande dia, todos viram algo fora do normal, não era apenas uma festa, mas sim A FESTA. E, assim, viram o poder da crença.

Bem... Você deve estar perguntando: Qual a finalidade desse capítulo?

Minha resposta: estou aqui para esclarecer suas dúvidas e mostrar que todos os sonhos são possíveis.

Hoje, com apenas 16 anos, estou aqui, realizando mais um sonho na minha vida, escrevendo meu próprio capítulo e contando minha história para milhares de pessoas.

Sonhava ser uma escritora, porém não havia em mim uma possibilidade de fazer isso acontecer e, graças a uma pessoa com um coração enorme chamado Jaques Grinberg, que cruzou meu caminho e acreditou no meu sonho, estou aqui com um capítulo publicado.

Descobri que nada é impossível, basta você lutar, se esforçar e acreditar.

O que você pensa, você cria...
O que você acredita, você atrai...
O que você sonha torna-se realidade...
Viva os seus sonhos.

Capítulo 9

Fé nos torna vitoriosos em nossas lutas

Léa Moreira

Neste capítulo, falo da minha fé e da confiança em Deus. Espero que este pequeno resumo das minhas lutas e vitórias possa incentivá-los a lutar com fé e obter vitórias. Jesus disse para eles: "Tenham Fé em Deus. Eu garanto a vocês; se alguém disser a esta montanha: levante-se e jogue-se no mar e não duvidar no seu coração, mas acreditar que isso vai acontecer, assim acontece". (Marcos 11: 22 a 25)

Léa Moreira

Palestrante, escritora, dependente química em recuperação há 12 anos. Assistente social, com estágio concluído na SPA - Serviço de psiquiatria Aplicada/Casa Vitória, em Vitória/ES. Graduação em Dependência Química, com especialização em Dependência Química e Codependência. Trabalha há três anos na Prefeitura Municipal de Colatina/ES, no CAP-Sad, com pacientes dependentes químicos e seus familiares, incluindo reuniões familiares e palestras.

Contatos
aguialea@hotmail.com
Facebook: Léa Moreira
Instagram: @aguialea
LinkedIn: @aguialea

Fé. Ela nos leva a grandes vitórias nas lutas da vida. Levei anos até entender que a oração necessita de ação para você adquirir resultados. Sou prova viva dessa fé inabalável. Ela me trouxe até aqui, e permaneceremos juntas.

Com este livro, pretendo transmitir como ser vitorioso em todas as suas lutas.

A vida na Terra é de constantes lutas. Deus está sempre nos testando e refinando. Uma luta após outra, sejam elas quais forem. Na bíblia, há várias passagens sobres esses testes. Quantas lutas você já enfrentou e enfrenta?

Eu venho de família cristã evangélica, passei minha infância na casa do Senhor. Minha mãe fazia questão de não perder um culto. Aprendi muito do que sei na igreja onde frequentava. Esta é a maior riqueza que os pais podem dar para seus filhos: ensinamentos de Deus. A religiosidade era constante em nossa vida; anos depois vim a desenvolver a minha espiritualidade.

Na minha adolescência, abandonei a igreja, fui conhecer o mundo. Era tudo novo, desconhecido; dançar, usar calças, curtir baladas, cinemas, festas etc. Nessa transição, tive vários momentos de provações, mesmo sem saber o porquê eu estava sendo testada.

> "Eu lhes escrevi, jovens, porque vocês são fortes e a palavra de Deus permanece em vocês e vocês venceram o maligno."
> **(1° João 2: 14)**

Aqui, conto pedaços da minha história em quatro fases.

As quatro fases da dependência química

Se você identifica algumas delas, então que desperte o espírito de poder. Chegou a sua hora de lutar e vencer o mal que o ilude e aprisiona. O nome dessas fases eu aprendi em uma partilha de um grupo de AA.

Fase do pavão

Ainda na adolescência, fui estudar à noite para ajudar minha mãe durante o dia. Não sabendo que corria no meu sangue uma

Momento zero

predisposição à doença de dependência química. Na maioria das vezes, essa doença é hereditária. Mesmo que meu pai e minha mãe nunca tiveram esse vício, herdei da minha avó, que herdou de outros antepassados.

Enturmei-me com uma galera que fazia uso de cigarro, de álcool e outras drogas. Comecei a beber e a fumar. Também usei outras drogas. Fase da lua de mel com as drogas, em que tudo é bom, lindo, maravilhoso, que nos atrai e aprisiona também.

A primeira luta

Algum tempo depois, eu já suplicava para Deus em orações para libertação dos vícios. Só que não trabalhava a ação da oração. Tudo tem o tempo certo de Deus. Aos vinte anos, me dediquei à minha primeira gravidez, queria ter um filho saudável. Agora era tudo ou nada. Resolvi optar pelo caminho da fé e me apeguei em orações a Jesus, e Ele ouviu, livrando-me de todas as drogas.

Se você faz uso de algumas dessas drogas ou de todas elas e pretende se libertar dessa dor, tenha fé, peça a Deus, pois tudo pode lhe parecer difícil, mas não é. Acredite!

> "Jesus olhou para os discípulos e disse: para os homens isso é impossível, mas para Deus nada é impossível."
> **(Mateus 11:26)**

Deus estava me testando com uma grandiosa responsabilidade. Quanto mais Ele lhe der, mais Ele espera que você seja responsável por sua vida, pois somente você prestará conta dela um dia. E você, já sabe qual é a responsabilidade que Deus está colocando em suas mãos? Somos os únicos responsáveis por nossa recuperação de qualquer doença, seja dependência química, dependência emocional, traumas, codependência, depressão ou outras, não delegando ao próximo a nossa obrigação.

Fase do macaco

Você se torna o bobo da corte, principalmente o alcoolista, que gosta de contar anedotas e fazer os outros rirem. Recaídas, elas fazem parte da doença, não do tratamento.

Alguns meses depois que meu primeiro filho parou de mamar, vivi essa fase, voltando a fumar e a beber socialmente, não sabendo que, com o passar do tempo, esse social me levaria ao uso abusivo. Os dependentes de outras drogas às vezes não passam por todas essas fases, vão direto da primeira para a quarta fase.

Fase do leão

Algumas pessoas se tornam agressivas. Esse uso abusivo do álcool afetou meu casamento com vários conflitos. Os dois faziam uso do álcool. A bebida me fazia sentir como uma leoa, pronta para me defender. Com o passar do tempo, meu organismo foi criando resistências ao álcool. A partir daí, comecei a beber mais e mais para poder satisfazer o meu desejo. Já era alcoólatra e a doença só avançava.

Fase do porco

Mais uma luta. Treze anos depois, quando chegou minha segunda gravidez, só com muita fé em Deus consegui parar de beber e fumar no período da gestação e da amamentação. Como meu caçula mamou poucos meses, voltei a beber e a fumar com mais intensidade. A doença falou mais alto.

Dois anos depois, acabei tendo que devolver minha mãe para Deus. Deprimida pelo luto, bebi mais ainda. Como o vício me dominou, pedi a Deus uma direção, pois não aguentava mais viver daquela maneira. Meu consumo diário era mais de meio litro de cachaça. Às vezes dormia sem banho, me sentindo "suja". Viver ou morrer já não fazia mais diferença para mim. Eu me vi no fundo do poço, a pior fase da vida de uma pessoa.

Algumas vezes você também já se sentiu assim achando que tudo está perdido? No fundo do poço? Achando que seu problema não tem solução? Sentia-me o pior dos seres humanos. As palavras nunca saiam da minha boca se não fossem acompanhadas por muitas lágrimas. Pelas orações, consegui ter meu despertar espiritual e encontrei ajuda no grupo AA. Comecei a pensar nos meus filhos, o caçula com apenas seis anos, precisava de mim. Tinha uma causa para lutar e os meus filhos me apoiaram na decisão de buscar ajuda.

Deus usou meu filho primogênito, com apenas dezenove anos para me orientar, me perguntando: Mamãe, você quer ajuda para se tratar? Dias depois, estava me internando em uma clínica para fazer a desintoxicação e me tratar daquela doença. Eu precisava voltar a ser eu, uma mulher temente a Deus, voltar a ser produtiva, me sentir útil, pois a bebida me levou à depressão alcoólica.

E você, também deseja lutar para ser produtivo e vitorioso?

Mais uma luta

Apesar de ter ido de livre e espontânea vontade, me sentia presa longe dos meus amados filhos, principalmente do caçula. Eu era só tristeza e revolta. Foram longos dias de confinamento até minha saída. A fé me ajudou na luta.

Um belo dia me ajoelhei naquele cantinho do jardim e comecei a rezar com minha fé inabalável, foi tão forte que não consigo

Momento zero

explicar em palavras. Pedi e recebi um milagre de Deus. Daquele dia em diante, sinto repugnância ao cheiro de bebidas. Consegui sair de lá curada com apenas vinte e cinco dias de tratamento. Acredite! Foi um milagre alcançado! Graças a Deus!

"Ser livre para servir."
(Mateus 8: 14 a 15)

Então, me apaixonei pelo tratamento da dependência química e continuamente volto à clínica Casa para ajudar outros pacientes com minha partilha. Partilhar é o melhor remédio, usado em todos os grupos de autoajuda, por isso não sei o que é uma recaída. Gratidão, Senhor!

Deus tem um propósito para cada um de nós. Só nos resta descobrir qual é a nossa missão e nossa vocação. Você já sabe para que veio? Você é realmente o que gostaria de ser? Ou é o que os outros gostariam que fosse? Você está feliz com o que faz? É livre para servir?

Após muitos anos, voltei a estudar, me formei aos cinquenta anos no curso de Serviço Social. Agradeço à Casa Vitória mais uma vez, que me acolheu, a estagiar.

A maior de todas as provações

No ano de 2017, fomos para onde Deus nos enviou, a cidade de Vitória. Gostávamos de morar e trabalhar lá. Meu filho caçula também gostava de estudar e se divertir com os primos e amigos. Lá vivemos quatro meses muito felizes, íamos à missa todos os domingos fortificar a nossa fé em Deus. Então, chegou a hora de ter que devolver meu filho caçula a Deus, numa fatalidade de um acidente.

Cai de joelhos ao seu lado e segurei em sua mão para lhe transmitir o poder que Deus nos dá e clamei com toda minha força o salmo 91: "sobre a Sombra do Altíssimo". No meio do salmo, ouvi sua respiração lenta voltar ao normal, por dois longos suspiros, que compreendi ser o fôlego da vida eterna. Deus nos deu algumas horas, foi o tempo suficiente para entregá-lo nas mãos Dele, em oração. Ele retornou para Deus. Daquele momento em diante, a vida já não fazia mais sentido.

"Eu caminho no luto longe do sol, e me levanto na assembleia para pedir auxílio."
(Jó 30; 28)

A força vem de Deus. Com o passar dos terríveis dias de tristeza, desolada, abatida, com vontade de sumir no mundo, mesmo preocupada com o restante da família, a minha fé começou a fraquejar. Deus então, compadecendo-se de mim, veio duas vezes, em sonho, me confortar e me mostrou o momento em que entreguei meu filho a Ele, envolto em muita luz. É inexplicável como acordei feliz e com a fé renovada.

> "Deus troveja com voz prodigiosa e realiza maravilhas que não compreendemos."
> **(Jó 37:5)**

Minha primeira missão

Morando em Colatina, tive visitas de algumas mães que também tinham devolvido seu filho para Deus. Uma delas me presenteou com o livro *A dor que não tem nome*, de Maria Eugênia de Azevedo. No livro, encontrei a passagem bíblica do livro de Sabedoria 4: 7, 10 a 15, explicando por que os nossos filhos se vão prematuramente: "O justo agradou a Deus, e Deus o amou. Como ele vivia entre os pecadores, Deus o transferiu. Foi arrebatado".

Compreendi que; Deus me enviou para morar aqui, para conhecer outras mães que tiveram que devolver seu filho (a) à Deus. Foi então que me dei conta daquela missão. Com ajuda de outras mães, criamos o grupo de" Mães de Anjos".

Os encontros tornaram-se cada vez mais fortes, pois só quem sabe qual o tamanho da sua dor é capaz de saber o tamanho da dor do outro. Deus espera de nós fé, confiança, perdão e entrega, para partilhar em um grupo, no qual temos certeza de que ali todos sofrem da mesma dor. É libertador.

Devemos ouvir e valorizar as mensagens de vida uns dos outros, porque ninguém tem tudo para dizer. Só assim conseguimos nos recuperar e seguir em frente na nossa missão de vida. Aceitemos que tudo é de Deus e para Deus. Ele nos deixou a promessa da ressurreição e a vida eterna, para vivermos eternamente ao seu lado. Devemos nos preparar para sermos vitoriosos.

A segunda missão

Durante o primeiro mês do luto, tive a visita do meu amigo de longos anos, agora vizinho e prefeito de Colatina. Sabendo da minha dor, veio me visitar e oferecer ajuda. Naquele momento ele também precisava de um profissional com experiência a capacitação em dependência química no CAPSad.

Como era oportuno para ambos, me ofereceu o emprego. Aceitei o trabalho para não enlouquecer, se continuasse em casa, de luto.

Outra luta

Como era meu primeiro emprego, o medo de errar me desafiou, mas fui à luta com fé. Trabalhando com os dependentes químicos e familiares codependentes, comprei livros e pesquisei na internet. Com o passar do tempo, já estava bem informada e ajudando muitas famílias a se tratar e a se recuperar. Esse trabalho vem orientando no conhecimento da doença do dependente químico e como agir corretamente, na ajuda à sua recuperação.

Ainda hoje existem muitas famílias com crenças que o vício é safadeza, que não larga porque não quer, que só causa problema, não tem força de vontade etc. Saiba que o dependente químico ou dependente emocional só precisa de conscientização para aceitar o tratamento, incentivando na luta contra seus vícios e ou suas dores. Na maioria das vezes, os familiares também precisam de ajuda profissional ou grupo de autoajuda para aprender sobre o desligamento. Não é abandonar quem você ama, mas deixá-lo ter sua liberdade de escolha, responsabilidade com a vida dele. O familiar precisa aprender a se amar, se fortalecer, então, estará pronto para ajudar o próximo sem se anular. Serem vitoriosos!

> "A sabedoria consiste em temer ao Senhor,
> e a inteligência está em afastar-se do mal."
> **(Jó 28:28)**

Agradecimentos

Primeiramente a Deus, aos meus filhos, familiares e amigos que me incentivaram a fazer meu tratamento.

Referência
A Bíblia Sagrada: Livros de 2.° Timóteo 1:7, Marcos 11: 22 a 25, 1.° João 2:14, Mateus 11:26, Mateus 8:14 a 15, Salmos 91, Jó 28:28.

Capítulo 10

A importância do Sistema de Gestão Integrado em tempos de pandemia

Lúcio Paulo de Paula

Em tempos de trabalhos remotos, empresas buscam inovar seus serviços como diferencial competitivo. É no planejamento estratégico que a liderança entende as necessidades dos seus clientes e a importância da excelência em gestão dos funcionários que executam o serviço. Esses objetivos ficam factíveis com um Sistema de Gestão Integrado, que orienta a junção dos sistemas de Gestão da Qualidade, Ambiental, Responsabilidade Social, Segurança e Saúde Ocupacional.

Momento zero

Lúcio Paulo de Paula

Mestre em Engenharia pelo Instituto de Pesquisas Tecnológicas de São Paulo. Possui graduação em Engenharia Civil pela Universidade Mackenzie. É especialista em Engenharia de Segurança do Trabalho (USP), Qualidade e Planejamento. Atualmente cursa Doutorado em Administração na Universidade Mackenzie. É Gerente do Sistema de Gestão Integrado (HSSE – Saúde, Segurança e Meio Ambiente Seguro) na G4S Brasil, auditor líder em QHSSE e professor nas áreas de Engenharia Civil e Segurança do Trabalho no Centro Paula Souza. Já executou obras e serviços em todo Brasil, América Latina e África. Principais campos de atuação são SGI (Sistema de Gestão Integrado), Segurança do Trabalho, Qualidade, Meio Ambiente e Gerenciamento de Projetos em empresas de Serviços e Construção Civil. Prêmios em destaque: Projeto em equipe – Meio Ambiente e Redução de Custos – Posteamento – empresa: Telefônica 2000; Projeto em equipe – Execução de Obra – Projeto premiado no *Inside Awards* 2014 Studio MK27 – Livraria Cultura – execução: Valor Construtora; Projeto em equipe – Excelência em Segurança do Trabalho – Categoria Latam (América Latina) - *Best Safety Performance* – G4S LATAM – 2016 e 2017; Projeto em equipe - Excelência em Segurança do Trabalho – G4S *Group* – *Awards* 2017 – *Health & Safety*.

Contatos
www.zoomengenharia.com.br
luciopp@gmail.com
(11) 96313-2525 / 3361-4631

Lúcio Paulo de Paula

As empresas de todo mundo têm como meta garantir um ambiente de trabalho seguro e saudável para os colaboradores em um mundo sustentável, com ética e respeito às diversidades no ambiente de trabalho e pessoas. Empresas, clientes e fornecedores estão interligados pela forma de agir no Meio Ambiente do Trabalho. Para otimizar essa estratégia, com redução de custos, aumento de produtividade, redução dos riscos, visibilidade da marca e ganho de mercado, as normas ISOs orientam as empresas para alcançar esses objetivos estratégicos. Em tempos de pandemia, a tecnologia vem sendo uma importante aliada dentro dos sistemas de gestão das empresas para padronizar processos e otimizar recursos.

No mesmo sentido, o Sistema de Gestão Integrado sincroniza a *expertise* na junção dos sistemas de qualidade, gestão ambiental, segurança, saúde ocupacional e responsabilidade social, a fim de atingir as metas. Para isso, são necessárias a gestão de mudança e a gestão dos riscos para inovar serviços, políticas internas e externas, processos e procedimentos.

Nos processos de inovação, é preciso que a liderança se envolva e lidere as mudanças por meio de uma comunicação simples, objetiva e motivacional. Para empresas de prestação de serviço, é fundamental maior controle dos seus processos, visando ao foco na satisfação total do cliente, à responsabilidade com o meio ambiente e ao correto descarte dos seus resíduos, além de reduzir o impacto ambiental, ter preocupação com a saúde, segurança do trabalho dos seus funcionários e a vontade de forma voluntária que promova o bem-estar das partes interessadas, internas e externas, pela Responsabilidade Social.

Na implantação da gestão integrada, são importantes a clareza dos processos e a vontade de integrá-los. O manual do SGI tem o objetivo de prover informações sobre a política, procedimento, padrões, guia ou instruções sobre a empresa e deverá ser, sempre que necessário, a atualização refletindo qualquer mudança, seja nos requisitos da empresa, dos clientes, partes interessadas, das infraestruturas. Ele é o norte de todo o sistema de gestão, com o

Momento zero

macroprocesso dos serviços da empresa, e é concebido como um documento de primeiro nível e abrangente, no qual se orientam, de maneira geral, as políticas e os processos organizacionais aplicados no SGI, apontando outros documentos de menor hierarquia para a consulta de procedimentos mais detalhados.

O manual do SGI é orientado na estrutura da norma ISO 9001:2015, os requisitos das normas ISO 45001:2018, ISO 14001:2015, SA 8000 ou NBR 16.001. Ele é documento importante para integrar cada escopo das normas, sendo um documento de referência para guiar as ações de todos os processos e funcionários da empresa.

A estrutura dos documentos que compõem esse Sistema de Gestão Integrado é de:

- Políticas internas da Corporação, Políticas de Qualidade, Segurança, Saúde, Meio Ambiente, Ética e Responsabilidade Social;

Diretrizes e referências aos demais documentos e registros, inclusive aos objetivos e metas.

Os documentos e registros requeridos pelas normas de referência são:

- Legislação aplicável ao negócio;
- Requeridos pela organização.

Geralmente, as empresas prestadoras de serviços possuem uma diversidade de serviços oferecidos aos seus clientes para garantir a adesão de comodidade ao cliente, ou seja, uma única empresa presta vários serviços terceirizados e, em alguns casos, em localidades distantes.

Os clientes estão divididos por capital público, privado e misto. Cada um com nichos de mercado distintos e variados, desde instituições financeiras, escolas, hospitais, indústrias de todos os segmentos, comércios, *shoppings*, condomínios, até prefeituras, associações, transportes e órgãos não governamentais. Cada cliente com objetivos e metas distintos e todos responsáveis pelo cumprimento da legislação aplicável ao seu negócio.

Com o SGI implantado, o cliente avalia mais seriedade nos processos do fornecedor e utiliza a certificação do fornecedor como forma de medição do seu processo, diferenciado em licitações, concorrências privadas, auditorias internas de segunda parte, para homologação junto ao departamento de compras, como diferenciação para novos contratos de prestação de serviço ou, ainda, renovação anual de contrato.

Assim o SGI dá força competitiva à empresa com o aumento da credibilidade alcançada por meio dos certificados; por outro lado, tranquilidade para o cliente em saber que o seu fornecedor preza pelo cumprimento da legislação aplicável ao seu negócio, contribuindo para a responsabilidade social, preocupação com o meio ambiente, saúde e segurança dos funcionários.

Sistema de Gestão da Qualidade na empresa de prestação de serviços (SGQ)

Executar serviços é garantir a satisfação do cliente no pleito do seu contrato, executando de forma correta a tarefa, dentro dos procedimentos internos referentes ao serviço, segurança e respeito ao meio ambiente e cláusulas contratuais.

Visando às necessidades do cliente, as empresas precisam desenvolver um sistema de gestão que garanta, de forma efetiva, o bom andamento dos serviços contratados.

No que compreende o foco na satisfação do cliente, ao implementar a ISO 9001:2015, a empresa mostra aos contratantes, funcionários e fornecedores que tem visão de futuro e quer garantir metas e objetivos às partes interessadas.

Desenvolver profissionais focados e envolvidos é um diferencial a ser buscado dia a dia. A motivação dos funcionários desenvolve o sentimento de contentamento no ambiente empresarial, passando um a um o sentimento de pertencer a uma corporação séria. Assim, fica mais viável à empresa de prestação de serviços alcançar suas metas de qualidade total na prestação de serviços aos clientes.

Outro ponto importante referente ao bem-estar do funcionário na empresa é sobre o absenteísmo. Com a motivação crescente, tem-se a redução da ausência de retrabalho gerando aumento da margem de lucro, pois a falta de funcionário eleva os gastos com cobertura do funcionário no posto de trabalho.

Por meio do contrato de prestação de serviço, o cliente expõe suas necessidades da tarefa a ser utilizada e suas penalidades em caso de descumprimento, o Sistema de Gestão em Qualidade mapeia essas necessidades para criar processos que garantam a efetiva satisfação do cliente, reduzindo os riscos no caso de descumprimento contratual.

Momento zero

Sistemas de Gestão de Segurança e Saúde Ocupacional na empresa de prestação de serviços (SSO)

Estar preocupado com saúde e segurança do trabalho dentro de uma empresa de prestação de serviço é sinônimo de cuidado e respeito com o maior bem da empresa, seus funcionários. Nessa direção, a ISO 45.001:2018 propicia a integração das áreas de saúde e segurança ocupacional. A norma foi feita para integrar as demais normas da família ISO, tais como Qualidade, Gestão Ambiental, Responsabilidade Social.

A norma é baseada em princípios da OIT (Organização Internacional do Trabalho), ou seja, compatível e padronizada para todas as empresas. Pontos fortes são a gestão dos colaboradores e riscos associados ao meio ambiente de trabalho.

A política descrita pela alta direção orienta os objetivos estratégicos (internos e externos) da corporação. Os riscos de saúde e segurança devem ser sistematicamente identificados e avaliados em todos os postos de trabalho. Logo após a etapa, é realizada uma matriz de prioridades com ações definidas que podem ser a eliminação, substituição, controles de engenharia e administrativos, equipamento de proteção individual.

Os objetivos e metas dependem da política e da estratégia do grupo. É comum em saúde e segurança as empresas construírem uma cultura de zero incidente para garantir uma forte liderança e ação imediata em caso de incidentes. Outra forma de propor metas é a empresa quantificar os incidentes no ano anterior e estabelecer metas de redução para o ano seguinte.

A partir das metas estabelecidas, iniciam as implementações. Para garantir as metas, um conjunto de ações são feitas, como treinamentos, reuniões de trabalho, agenda de comunicação, DDS (diálogo diário de segurança), participação e consulta das partes interessadas e funcionários, novos processos, instruções de trabalho e campanhas de conscientização.

O próximo passo é medir o que se está fazendo, ou seja, encontrar uma métrica para garantir o resultado. Isso pode ser alcançado em forma de amostragem por intermédio das auditorias, inspeções periódicas e pesquisas internas com funcionários.

No caso de incidentes, cada um é tratado como uma falha; a causa raiz é identificada e tratada para estancar outras ocorrências no mesmo tipo.

A partir da identificação da causa raiz, um plano de ação é estruturado e compartilhado para a melhoria do SGI. Uma das maneiras eficazes é pela metodologia 5W 2 H (5 porquês), que dá o norte da gestão na tratativa da falha, com designação do que será tratado, o respectivo responsável, onde será implementada, quando será realizada, a forma de como fazer, motivo e custo assim como *por quem, quando, onde, por que, como* e *quanto* custará para a empresa.

A lição aprendida de cada falha dá suporte e constrói um significado de importância sobre como aprender com as falhas ou incidentes, comunicando a todos sobre a ocorrência e o que pode ser feito para prevenir futuros desvios, gerando em toda a organização reflexão sobre a falha ou incidente.

Hierarquizar as falhas e tratar sempre a base da pirâmide de danos contribui para a gestão preventiva do incidente. As boas práticas, campanhas e treinamentos são a base sólida para a prevenção dos incidentes.

Sistemas de Gestão Ambiental na empresa de prestação de serviços (SGA)

Garantir a sustentabilidade do planeta para as gerações futuras é um trabalho que vem sendo feito por diversos setores da sociedade. Cabe a cada empresa, dentro da atividade que trabalha, definir seu papel de atuação perante o tema Meio Ambiente e garantir um Sistema de Gestão para o mesmo.

O objetivo do SGA - Sistema de Gestão Ambiental é propor uma estrutura sistêmica para garantir o cumprimento das legislações ambientais e ações que visam alcançar um equilíbrio entre a sua produção, o meio ambiente e o que se espera da sociedade. O SGA é desenhado dentro da ISO 14.001:2015, definindo um escopo, tomando como base o PDCA. O contexto em que está inserida a organização, questões internas e externas, necessidades e expectativas das partes interessadas e resultados pretendidos norteiam as demais características macro do SGA.

O comprometimento da liderança e a educação ambiental aos seus funcionários são fundamentais para o sucesso da implantação e manutenção do SGA.

A direção da empresa deve comprovar a sua vontade de atuação na Gestão Ambiental, assegurando pela política e reuniões periódicas suas reais intenções, definindo responsabilidades, objetivos e metas.

A política ambiental tem que ser adequada ao contexto da organização, ao cumprimento das legislações vigentes e seu escopo claramente definido.

Em conjunto com a política ambiental, é obrigatório ter um Levantamento de Aspectos e Impactos Ambientais – LAIA definindo os tipos de aspectos ambientais das atividades, produtos e serviços da organização que podem interagir com o meio ambiente, mapeando os possíveis impactos ambientais, alterações do meio ambiente, negativas ou benéficas, que resultem, no todo ou em parte, dos aspectos ambientais da organização. A primeira etapa para o levantamento dos aspectos e impactos.

Sistemas de Gestão de Responsabilidade na empresa de prestação de serviços (RSE)

A responsabilidade Social é representada por princípios políticos, corporativos e éticos que estão no DNA de uma empresa. Ter respeito ao trabalhador e suas diferenças raciais, políticas, econômicas, religiosas, de sexo e ainda cumprindo as leis, os deveres e obrigações dos funcionários, terceiros, fornecedores para com a sociedade em geral são pontos principais da RSE.

O Sistema de Gestão de Responsabilidade Social nas empresas especifica os requisitos para a empresa desenvolver, manter e executar seu processo, por meio de políticas e procedimentos com o objetivo de gestão sobre o processo que ela possa manter controle ou influência. Os requisitos são aplicados em toda organização e suas áreas de atuação, inclusive em toda cobertura geográfica.

As normas de responsabilidade social trazem como princípios as convenções da OIT (Organização Internacional do Trabalho), declaração universal dos direitos humanos, convenção da ONU (Organização das Nações Unidas), Pacto Internacional sobre os direitos Econômicos, Sociais e Culturais, Pacto Internacional sobre os Direitos Civis e Políticos, entre outros.

Alguns tópicos importantes da norma SA 8000:2014 são a reparação ao trabalho infantil, promoção da educação infantil, não apoio a utilização de trabalho forçado ou compulsório, apoio aos funcionários que recebam treinamentos sobre saúde e segurança no trabalho por intermédio de um planejamento e risco associado à tarefa, apoio à detecção de ameaças à saúde e segurança dos funcionários, apoio para que as instalações sejam limpas, com acesso a banheiros, água e armazenamento de alimentos, respeito à vontade dos funcionários de se associarem a sindicatos de sua escolha e liberdade de negociação, não apoio a nenhum tipo de discriminação, apoio à remuneração semanal, atendendo aos padrões mínimos da atividade econômica ou da indústria, sendo suficientes para as necessidades básicas, apoio e orientação aos fornecedores e subcontratados sobre a necessidade de um meio ambiente justo e sustentável no trabalho.

Outras normas que orientam o comportamento de Responsabilidade Social são a ISO 26.000:2010 e a NBR 16.001:2012.

A ISO 26.000:2010 orienta as diretrizes, porém não é apropriada e nem apoia a certificação. Ela aborda a transparência, comportamento ético, comportamento solidário e engajamento para com as partes interessadas, respeito pelo estado de direito, respeito pelas normas internacionais de comportamento, respeito pelos direitos humanos, meio ambiente, práticas de trabalho, práticas legais de operação e questões relativas ao consumidor.

A NBR 16.001:2012 traz toda a estrutura de certificação e também utiliza a metodologia do PDCA, com requisitos estruturados para serem cumpridos, tais como política, aspectos, requisitos legais, objetivos e metas, programas, recursos, responsabilidades, regras, competência, comunicação, manual, controle, monitoramento, avaliação, não conformidade, auditoria e análise crítica da alta administração.

A importância do Sistema de Gestão Integrado na empresa de prestação de serviços (SGI)

O Sucesso do SGI está relacionado à forte cultura e diretrizes da alta administração e ao pleno treinamento dos funcionários, garantindo maior eficiência na prestação de serviços, reduzindo a probabilidade de se expor a riscos, garantindo a consciência referente ao uso dos recursos naturais.

Para orientar o SGI, foi criada a norma PAS 99, que garante a integração dos processos em comum de Gestão da Qualidade, Ambiental e Segurança e Saúde Ocupacional. Ela é estruturada como as demais normas, obedecendo ao PDCA, com política, planejamento, implementação, operação, avaliação do desempenho, melhoria e análise crítica pela diretoria.

O SGI garante estabilidade na tomada de decisão e controle dos riscos, mesmo em cenários de redução de recursos humanos e inovação de processos, ou seja, fica mais enxuta e competitiva para conseguir baixar a margem de lucro com segurança, atraindo mais clientes, com diferencial e ganhando mercado.

Juntos, esses quatro sistemas integrados de gestão fazem com que a empresa controle a qualidade da prestação de serviço, combinando a satisfação do cliente, descarte correto dos resíduos, eficiência e produtividade nos processos, preocupando-se com a saúde, segurança dos trabalhadores, com uma visão e missão de ações éticas de respeito à sociedade, ao meio ambiente e às partes interessadas, contribuindo para o pleno desenvolvimento da responsabilidade social.

Assim, o SGI garante a vantagem de mercado e um controle efetivo dos seus processos e riscos associados ao negócio, pois visa ao cumprimento pleno das legislações e vontades das partes interessadas.

Referências

ASSOCIAÇÃO BRASILEIRA DE NORMAS TÉCNICAS. **NBR ISO 9.001:** Sistema de Gestão da Qualidade, 2015.

ASSOCIAÇÃO BRASILEIRA DE NORMAS TÉCNICAS. **NBR ISO 14.001:** Sistema de Gestão Ambiental, 2015.

ASSOCIAÇÃO BRASILEIRA DE NORMAS TÉCNICAS. **NBR ISO 16.001:** Responsabilidade Social - Sistema de Gestão, 2012.

ASSOCIAÇÃO BRASILEIRA DE NORMAS TÉCNICAS. **NBR ISO 26.000** – Diretrizes de Responsabilidade Social, 2010.

ASSOCIAÇÃO BRASILEIRA DE NORMAS TÉCNICAS. **NBR ISO 45.001:** Sistema de Gestão em Saúde e Segurança Ocupacional, 2018.

DAMASCENO, A., DAMASCENO, H., MASCARENHAS, R., BARROS, J. Norma Internacional SA 8000:2014 – Responsabilidade Social. Contribuição do Sistema de Gestão Integrado para empresas prestadoras de serviços.

VASCONCELOS, D., MELO, M. Aplicabilidade da Especificação PAS 99:2006 como modelo integrado de gestão – Um estudo de caso.

Capítulo 11

Momento da decisão

Marcela Barros

O momento da decisão é sobre navegar nos bastidores que guiam nossas ações, rever as dinâmicas que movimentam nossas decisões e nossos modelos para criação de opções e problemas recorrentes que geram tamanha demanda de decisão. É preciso partir do ponto zero, soltando a visão estreita e limitada, diante da pressão pelo resultado da decisão. Vamos desvendar este misterioso e enigmático campo da decisão.

Marcela Barros

Executiva de negócios, com vasta experiência em desenvolvimento humano, gestão empresarial e comercial, *mentoring* executivo, atuando com aperfeiçoamento de líderes e equipes, além da aceleração de resultados em empresas de segmentos diversos. Especialista em estratégia e tomada de decisão. Graduada em Direito, *Executive Coach* com Certificação Internacional pelo BCI, certificação em DISC pela ETALENT, Consteladora Organizacional pelo Instituto Infosyon, da Alemanha. Docente pela FATESG/GO. Consultora, palestrante e escritora. Empresária da Merkabá Soluções Sistêmicas. Autora do livro *Nos bastidores da tomada de decisão*.

Contatos
contatomerkaba@gmail.com
Instagram: Marcelabarrosx
LinkedIn: www.linkedin.com/in/marcela-barros-109b9329/
Podcast: Gestão no divã com Marcela Barros

Marcela Barros

>Olhar perdido
>Não sei se finge
>Ou se é pura vertigem
>Momento zero
>Em que te perco
>E em que te recupero
>No círculo sem centro
>E na dor que tem dentro
>Mas não se diz.
>**(Ná Ozzeti e Zé Miguel Wisnik)**

Sobre a arte da tomada de decisão muito se fala de técnicas e modelos para se chegar ao melhor resultado, dos caminhos a serem seguidos neste processo, mas pouco é compartilhado a respeito das bases que norteiam nossas decisões.

Para estruturar os alicerces que direcionam nossas escolhas, precisamos antes definir nossas bases decisórias. É preciso partir do ponto zero. Este que só pode ser acessado quando nos desprendemos da visão estreita e limitada, diante da pressão pelo resultado da decisão. É quando equalizamos o racional e o emocional diante das opções reais de decisão.

Estruturar essas bases é um trabalho que ocorre nos bastidores da decisão, e é para lá que o convido a vir comigo neste capítulo, onde desvendaremos modelos e padrões que permitirão a você maior consciência e flexibilidade antes, durante e depois das decisões complexas.

Nossos modelos para a criação de soluções ainda são fruto de poucos estudos e faltam avaliações mais aprofundadas.

Podemos considerar que as decisões são provindas da necessidade de solução diante de algum problema, desejo ou dilema. Mas onde acabamos colocando mais tempo e energia? Em chegarmos à decisão ou em avaliarmos as origens dos problemas que geraram a decisão?

O que para você representa um problema? Passamos a maior parte de nossas vidas tentando solucioná-lo, afastar para bem longe qualquer ameaça de desordem que possa ser considerada como problema. Porém, pouco observamos a origem desses episódios desagradáveis nos quais despendemos tanta energia para convertê-los em solução.

Podemos considerar o problema como sendo uma interpretação diante de algum evento ou cenário na qual calibramos com nossas emoções e crenças, positiva ou negativa. Uma interpretação que, aos olhos de cada um, pode ser carregada com doses distintas de tons agradáveis ou desagradáveis.

Nossas emoções são alicerçadas por crenças, paradigmas e modelos mentais que interpretam determinado cenário como problema ou apenas um acontecimento. Exemplo disso é uma criança que tropeça e cai no meio de um calçadão movimentado no centro de uma cidade. Caída e chorando ao lado de sua mãe, cada uma das dezenas de pessoas que ali passam interpretam a cena de acordo com seus paradigmas e emoções mais perceptíveis naquele instante.

Um senhor engravatado falando ao celular, enquanto caminha rapidamente, observa a cena e logo a interpreta como: "que criança birrenta! Como essa mãe aguenta?". Uma moça jovem, do outro lado do calçadão, logo vê a cena e pensa: "tadinha! Será que machucou? Essa mãe bem que podia pegar ela no colo". Enquanto outras dezenas de pessoas também observam a cena de acordo com suas visões e modelos.

Qual a interpretação correta? Se tomarmos como base o modelo do pensamento sistêmico complexo, não há interpretação certa nem errada, apenas o que cada um se conecta de acordo com seus contextos e modelos. Se suas bases sempre o conduzem à crítica ou a enxergar o lado negativo de tudo que vê, é bem provável que suas interpretações também o levarão a observar sobre este prisma.

A questão é que não há um único prisma. E o que torna um cenário ou a interpretação deste como problema é sobre qual ângulo estamos observando o evento. O segredo não está no evento ou na situação, mas no observador, na pessoa que observa e se conecta com a cena. É o quanto estamos abertos para nos conectarmos com as diversas partes de um todo, e isso muda tudo.

Dessa forma, podemos considerar que o problema é um fato em que aplico uma emoção e ela parece negativa, porque aplico um significado negativo. Isso ocorre devido ao nosso sistema reconhecendo que o que não gera prazer ou bem-estar será sempre interpretado por algo ruim e negativo.

O mesmo ocorre diante dos cenários de caos ou crises complexas que nos exige soluções urgentes. Mais comum do que parece, estamos experimentando, nos últimos tempos, mais sensações de caos do que há 10 anos. Tudo parece ser urgente, prioritário e necessário nos exigindo ações rápidas e assertivas. Pelo menos essa é a interpretação que damos.

Mas será que o caos é realmente um caos? E de que maneira as opções de decisão são criadas e consideradas diante desses eventos caóticos? Diante de uma visão sistêmica, avaliando e considerando que, na posição de observador podemos enxergar um cenário por diversos prismas e que nossas emoções, crenças e modelos dão o tom às nossas interpretações, poderia observar que onde há desordem também há ordem. Ou pelo menos, várias oportunidades disfarçadas.

Diante de um cenário de caos, a tendência é buscarmos soluções urgentes, tentando a todo custo banir a desordem e encontrar a paz. Até aqui, tudo bem. A questão é com qual qualidade buscamos as opções que nos levarão à solução almejada?

Quanto mais estudei comportamentos de grandes decisores, mais cheguei à conclusão que falta habilidade sobre a questão. É como se a maioria desses profissionais fizesse de tudo para não sentir o cenário de decisão. Tomando escolhas precipitadas e muitas vezes imaturas diante de opções que nem poderiam ser consideradas como tal. Tudo para não sentir o problema, ou melhor, o cenário caótico.

Criamos modelos e padrões decisórios que nos permitam navegar mais brandamente nos cenários do dia a dia. Esses modelos facilitam nossas decisões e ações, nos apoiam na economia de energia física e mental.

Ocorre que, diante de uma sensação de cenário de caos, nossas mentes agem como movimento de alerta, não para resolver de fato a situação, mas para sairmos do estado perigoso, das emoções, assim, criamos na superfície opções *fakes*. Diante desse cenário, já dá para imaginar o porquê caímos na cilada de acreditar cegamente que as primeiras opções sugeridas são as melhores.

Imagine uma pessoa presa e fechada numa sala, sem luz. Esse ambiente pode ser o gatilho para lembrança de traumas, experiências ruins de vida, memórias, emoções e crenças. Agora vamos acrescentar urgência e pressão. Qual ação podemos esperar dessa pessoa?

Quando, diante desse turbilhão de emoções e interpretações, limitamos nossa visão e estreitamos nossas percepções fazendo

Momento zero

com que nosso modelo mental busque desesperadamente opções de solução para fugir das sensações perigosas e dolorosas que possam vir a acessar. Assim, diante da primeira opção levantada, seu cérebro reptiliano acionará seu corpo físico, acelerando seus batimentos cardíacos, preparando seu corpo para a fuga.

Observe que a chance da opção A e, caso haja a opção B, serem opções *fakes* é grande, pois, diante da tentativa de fuga e de impedir que a pessoa acesse sensações e memórias ruins, a mente pode criar soluções sem garantias de solução.

Assim, para sair da sala do caos, a pessoa toma caminhos de decisão que geram mais problemas recorrentes que solução propriamente dita.

Avaliar as bases das opções é tão essencial quanto tomar uma decisão. E há quem perca muito tempo decidindo sobre possibilidades inválidas esperando sucesso, quando, no máximo, será atraído para mais problemas ou cenário de caos. A verdade é que, em cenário de caos, a interpretação assim como a consideração do viés decisório precisam de observação e cuidado.

Falamos das opções *fakes* que criam atalhos perigosos no processo de decisão sobre a interpretação que damos diante de aparentes cenários de caos e a importância de assumirmos a posição de observador, atuando diante de uma visão sistêmica perante os cenários. Outro fator importante a se avaliar são os problemas recorrentes.

Segundo David R. Hawkins, em seu livro *Poder versus força* (edição 2019, p. 41), "Não é possível encontrar uma resposta definitiva para qualquer problema isolando a sequência de acontecimentos e projetando neles uma noção mental de causalidade". Alertando-nos a respeito das condições subjacentes que precisam ser consideradas em torno de qualquer problema, assim como a importância de se considerar as bases da decisão para formular soluções eficazes para os problemas.

Você saberia dizer de quais fontes proveem a maioria dos seus problemas que geram a necessidade de decisão? Mais comum do que imaginamos é a presença dos problemas recorrentes em cenário de decisão. Imagine comigo. Quantas decisões complexas você toma em um mês ou durante um ano? Dessas decisões complexas, qual o percentual de semelhanças entre elas?

Ao nos conectarmos com as opções de decisão apenas, excluímos a visão sistêmica e consideramos a visão limitada diante de todo o cenário. Isso porque, enquanto estamos debatendo opções, frequentemente, desconsideramos os cenários recorrentes.

Tomamos decisões com base em problemas cujas origens são verdadeiras maternidades geradoras de caos. Assim, observar a causa raiz da decisão a ser tomada é tão importante quanto decidir.

Quantos cargos ou funções são criados nas empresas cujo objetivo principal é colocar pessoas para realizar atividades em que a raiz destas é provinda de problemas recorrentes que ninguém se atentou a observar para solucionar. E nesse ponto já o consideram como atividade inerente ao processo. Isso quando não criam os processos já embasados nessas recorrências.

Investimentos por ralo abaixo, profissionais subutilizados e problemas recorrentes tratados como objetivo central e não como solução. Assim muitas dinâmicas empresariais são mantidas nesse jogo ilusório de produtividade guiado por regras ocultas, criadas abaixo do nível de consciência daqueles que acreditam decidir e gerir empresas, equipes e negócios.

Vamos separar os pontos. A falta de ação ou de decisão.

Atendi uma profissional que se queixava de uma decisão importante que precisava tomar há quase três anos. Já havia tentado de várias maneiras tomar uma decisão, mas toda vez recuava. E isso já estava lhe causando insônia, ansiedade e sobrecarga física e mental.

Assim, sua decisão estava atrelada entre deixar de ser a pediatra plantonista em uma UTI Neonatal e se dedicar ao novo projeto de cuidar de mães com dificuldade na amamentação. Ambos exigiam dela tempo, energia e investimentos.

Quando iniciamos a reunião, todos os pontos foram levantados e pude observar que, por mais que ela me dissesse que precisava se decidir, mais eu enxergava a decisão tomada.

Estava claro que a culpa por ter que deixar a equipe e os bebês lhe causava sofrimento. Afinal, há anos que se dedicava a este projeto lindo.

Alguns minutos depois, estava claro para ela que a decisão já estava tomada, porém a falta de clareza sobre as ações seguintes a mantinha no movimento decisório, causando repetidos sentimentos de tensão, dor e medo.

Quando não se tem clareza sobre o que vem depois do objetivo conquistado ou da decisão tomada, a chance de permanecermos no problema é grande. Algo que poderia ser simples se torna complexo. Isso porque limitamos e estreitamos nossa visão e também nossa ação.

Movimentos assim são mais comuns do que se tem conhecimento. Falta de ação não somente pela opção de não agir, mas por falta

Momento zero

de clareza sobre o que realmente acontecerá depois da decisão ou objetivo alcançado. Esse foi o caso da profissional citada.

A decisão estava tomada, porém não havia clareza sobre os próximos passos e sobre os impactos envolvidos, gerando assim movimentos e comportamentos conscientes ou não de autossabotagem e também de paralisia decisória. Ação decisória embalada em frasco de decisão a ser tomada. Excesso de ilusão e prejuízos.

Diante de atuais explanações, um ponto precisa ser observado. Qual o momento zero da decisão?

Tomemos como exemplo a decisão de se lançar uma flecha ao alvo, qual é o momento zero? Será que existe de fato este momento? Há o arco, a flecha, o alvo e o quarto elemento, o arqueiro. Qual é o momento zero?

O arqueiro utiliza toda a informação e treinamento que obteve na tarefa de acertar o alvo. Pega o arco com uma mão, a flecha com a outra e prepara a arma para lançar a flecha. Insere a flecha adequadamente, retesa o arco e faz mira no alvo. Quando acredita que está na posição certa para atingir o centro do alvo, segura a respiração por alguns segundos e solta a flecha que irá atingir o centro do alvo ou não.

Podemos considerar o momento zero aquele instante final, pouco antes de lançar a flecha? Mas e toda a preparação para chegar neste momento? Não exigiu uma sucessão de ações, como: treinar e aprender como usar um arco e flecha? Enfim, difícil dizer qual o momento zero! Tudo é uma sucessão de movimentos, decisões que se sucedem e levam a uma nova decisão.

Assim também podemos analisar dentro de uma visão empresarial. Será que de fato estamos conectados com o momento zero das decisões que acreditamos ou precisamos tomar?

Digo isso porque, em minha visão, a maioria das pessoas, nas vinte e quatro horas do dia, está mais preocupada que ocupada. Seus pensamentos e suas emoções são um grande problema que, na maior parte do tempo, é gasto com isso.

Como medir o momento zero sem estarmos conectados a ele? Sem presença e sem consciência do que realmente nos movimenta antes, durante e depois de nossas decisões, estaremos sempre à mercê de resultados futuristas preenchidos por conteúdos ultrapassados.

Assim, é preciso ter o erro, como um mestre bondoso, e o acerto, como um conselheiro humilde. A partir daí, é possível vislumbrar e experienciar o verdadeiro momento zero, em sua plenitude, magia e encantamento.

Capítulo 12

Fazer parte de um mundo em constante mudança requer mudanças

Marcelo Amorim de Freitas

Neste capítulo, você encontrará formas reais para vencer os desafios do novo século, com o avanço da tecnologia e a dinâmica de novas profissões. Para que possa superar o maior desafio de sua vida, que é você mesmo, é necessário que se esforce mais e melhore o uso de sua mente para abrir as portas das novas oportunidades.

Marcelo Amorim de Freitas

Atuante no setor de suprimentos em empresas da área de construção civil e energia, com experiência em contratos de gestão de suprimentos e contratação de serviços especializados para a área de engenharia e afins. Consultor de Imóveis pela Remax Urban. Cursos de gestão de Sistema de Qualidade. Gerenciamento de comunicação em projetos. Estudante da Engenharia Civil pela Universidade Anhembi Morumbi. Especialista em Genealogia para fins de dupla cidadania. Palestrante motivacional com formação pelo Instituto Deândhela. Curso de Treinamento de Desenvolvimento Humano pelo IGT – Instituto Gerônimo Thelm. *Staff* de Treinamentos do Roberto Shinyashiki – NOW – *Professional Leader Coach*, Treinador de alto Impacto, Analista Comportamental *Essentials*, Hipnólogo.

Contatos
www.marceloafreitas.com.br
contato@marceloafreitas.com.br
Instagram: @marcelo_freitas.oficial
Facebook: IMEFInstituto
LinkedIn: linkedin.com/company/institutomarcelofreitas
+55 (11) 97662-5405

Não importa qual seja o desafio que esteja enfrentando. Não importa o quão difícil, doloroso e até mesmo assustador. Um dia tudo isso passa. Haverá sempre um novo dia, uma nova semana para recomeçar. Sabendo disso, é preciso seguir em frente.

Em uma vida constituída de mudanças, algumas são muito boas e outras nem tanto assim, mas o que sabemos é que nenhuma delas é permanente e, em muitas situações, o que podemos fazer é que os momentos bons se prolonguem um pouco mais e os ruins sejam uma passagem rápida. Pode até parecer contraditório o que será dito, mas sempre em momentos ruins que temos as oportunidades de nos reinventarmos; momentos ruins podem significar oportunidade de crescer.

A vida seguirá sempre, sem se importar muito com as condições pelas quais esteja passando. Então, a primeira ação a ser tomada em um cenário desafiador, e que você possa vencer, é não desistir. Saiba que nenhum de nós tem um botão de pausa. Até as coisas não melhorarem, temos de enfrentar o desafio e buscar as alternativas que está nos proporcionando. Não ache que isso é maluquice, e sim a oportunidade de se reinventar, usar sua mente para que possa ser provido o entendimento da situação e quais as próximas tomadas de decisão. A primeira delas é se permitir desistir. Este é o primeiro e mais importante passo. Esta é a razão deste capítulo.

Falaremos sobre fazer parte de um mundo em constante mudança, mesmo que a nossa situação atual não seja a mais favorável, aprender que existe um meio de sairmos deste momento e que tudo depende apenas do nosso meio interno. Quero apresentar a você que o externo pouco importa, seja qual for o seu momento, mas em especial nos momentos difíceis, pois apenas neste momento é que paramos para pensar. Agora, o que fazer? Grandes pesquisadores e cientistas de renome sempre nos deram o caminho de como sair de um ponto A e partimos para um ponto B. Com planejamento e calma, sabendo que isso é temporal e que irá aprender com este momento. Saber como

Momento zero

agir é uma das forças mais incríveis e, com as disponibilidades de conhecimento que temos hoje, sabendo aplicá-las, nada pode nos impedir de subir de nível, e atingir a condição que buscamos: uma melhor moradia, uma melhor condição de educação para seus filhos ou mais tempo para sua família. Nada é fácil no início de novas trajetórias. Passamos por muitos desafios, porém os mais difíceis são os conflitos internos, aqueles que carregamos conosco, crenças e medos de seguir e trazer para a vida as coisas que ansiamos para nós e nossa família. Não existem atalhos, e sim truques.

Às vezes queremos pegar o caminho mais fácil, mas certamente será mais longo e doloroso que o caminho difícil. Eu sei, pois vivi isso. Eu me aventurei pelo caminho mais fácil por algum tempo na minha vida. O fato é que, após algum tempo, percebi que ele nunca me levou a lugar nenhum bom. Percebi também que as coisas positivas que aconteceram em minha vida vieram quando enfrentei os meus maiores desafios. Quero dizer com isso que, por mais que achemos que as coisas fáceis podem nos trazer ou nos levar a algum lugar bom, perdemos e não alcançamos nossos objetivos.

No percurso, aprendi algumas coisas. Uma delas é que qualquer pessoa tem o que é preciso para percorrer pelo caminho difícil, para andar no caminho que leva ao sucesso. Não será fácil. Será exigido tudo o que poderá dar.

A maior descoberta é que você pode fazer isso. Vou mostrar três princípios-chaves importantes que aprendi e que certamente o ajudarão.

Princípio número 1: disciplina

Esse princípio, se seguido, dará a liberdade. Parece soar como uma contradição, mas não é, podemos dizer que se trata de uma equação. Quando ouvimos falar em disciplina, nos dá a sensação de estarmos presos, mas a verdade é que disciplina é o caminho para a liberdade, é como um condutor da execução diária, porque a disciplina tem o poder de derrotar as muitas desculpas que nos travam o desenvolvimento.

Podemos achar que a motivação é responsável por impulsionar a concluir as tarefas, mas motivação é um sentimento e, como todo sentimento, é volúvel. Hoje temos; amanhã, nem tanto assim. Então ela não pode por si só dar-nos o impulso necessário para executar as tarefas.

Sabemos que nos momentos verdadeiramente desafiadores nem sempre a motivação está lá. Nesses momentos pode contar com a disciplina, pois está no controle. É ela que irá impulsioná-lo quando não tiver força. É a disciplina que nos fará levantar da cama. A motivação não fará com que você se exercite; a disciplina sim. A motivação não vai ficar acordada até tarde e terminar o projeto para você; a disciplina sim.

Não quero que acredite que a motivação não é boa, mas saiba que haverá momentos em que apenas a disciplina fará a diferença. A motivação é uma emoção, nem sempre estaremos motivados a fazer.

O que precisará fazer é tornar a disciplina parte de sua vida diária e a sua vida diária vai melhorar.

Princípio número 2: humildade

Em qualquer condição de sua vida tenha humildade, pois em nossa jornada teremos que fazer coisas que não queremos fazer. Talvez algumas dessas coisas que você acha que não deveria ter que fazer, algumas irão ofender seu precioso ego.

Em uma palestra, Jocko Willink disse que, quando entrou nas forças do SEAL, a divisão das forças armadas norte-americanas mais difícil de se fazer parte, ele foi designado para realizar alguns trabalhos que, para alguns, tocaria fortemente em seu ego: limpar banheiros. Mesmo após muito estudo e foco para entrar no grupo do SEAL, acabado de se graduar dos treinamentos militares mais difíceis do mundo, ser atribuído a uma unidade de comando de elite, a primeira missão dele na equipe dos SEALS foi limpar banheiros.

Ele disse que não era exatamente um trabalho glorioso. Mas, acreditem, ele fez. E fez isso com a melhor da sua capacidade e teve orgulho de fazer um bom trabalho ali. Essa atitude dele foi notada: se ele se importava daquela forma com o quanto de banheiros estavam limpos, as pessoas saberiam que faria um bom trabalho com as tarefas ainda mais importantes. Logo foi promovido para as tarefas mais importantes.

Precisamos acreditar que as pessoas estão nos olhando e observando as nossas atitudes. Quando assim agimos, é a lei do universo, ou seja, atitudes assim atraem as melhores coisas do universo.

Isso demonstra a humildade e as pessoas observam o quão humilde você é ao ser designado para uma tarefa. Mas saiba que ter humildade não significa que você não deva ser confiante. Certamente deverá acreditar que é uma pessoa capaz. Esse é o seu trabalho de acreditar em si mesmo e que pode fazer algo melhor e maior. Mas não deixe sua confiança se transformar em arrogância. Aprenda que deverá manter seu ego sob controle e permanecer humilde.

Princípio número 3: responsabilidade

Para que nossa vida possa mudar de forma consistente, é preciso que assumamos a responsabilidade. E deve ser uma extrema responsabilidade. Os melhores líderes são aqueles que assumem a responsabilidade sobre tudo ao redor, não apenas as coisas pelas quais são responsáveis, mas por todos os desafios e obstáculos que causam impacto em seus projetos.

Quando algo estiver dando errado, não saia à procura de um culpado. As pessoas que alcançam seus objetivos não saem culpando outras pessoas pelas falhas ou mesmo pelo que não deu certo naquele momento. Não importa o quando as pessoas estejam envolvidas, não vá à busca de culpados, e sim de soluções que minimizam os desafios. Assuma a responsabilidade do problema e o corrija rapidamente.

Você deve implementar isso em sua vida, não apenas no trabalho, mas em toda sua vida.

Deixe outras pessoas culparem seus pais, seus chefes ou o sistema. Deixe as pessoas fracas reclamarem que este mundo não é justo. Você é o líder de sua vida. Assuma a responsabilidade sobre tudo nela. Então seja disciplinado em tudo o que faz. Mantenha a humildade e esteja disposto a fazer o que tem que ser feito. Assuma a responsabilidade de sua vida e de tudo que está nela.

Então não escolha o caminho fácil, mas sim o caminho difícil, o caminho da responsabilidade, do trabalho duro e do sacrifício. O caminho da disciplina, da humildade e da autorresponsabilidade. Tenha em mente que este caminho o levará à liberdade. Esses princípios seguidos, nada no mundo poderá pará-lo.

Nossas vidas estão cheias de altos e baixos; os desafios nos ajudam a sermos moldados e seremos testados para saber se nossa resiliência está forjada em nossas essências.

Sabemos que a vida é difícil, complexa e imprevisível. E não podemos mudar isso. É a natureza das coisas. Mas podemos nos prepararmos para a próxima surpresa indesejada, construindo a nossa resiliência e essa capacidade de se recuperar de decepções inevitáveis da vida, fracassos e dores.

A resiliência é o oposto da fragilidade. Ser frágil significa que quase tudo incomoda você. E se quase tudo incomoda, você vai passar muito tempo com raiva e magoado. Com essa frequência de raiva e mágoa, fará com que não seja uma pessoa feliz.

Este quadro precisa de mudança. Os princípios mencionados serão um dos caminhos para que consiga superar os desafios. Existe uma frase que diz: "quando você muda a forma de ver as coisas, as coisas que você olha mudam".

Albert Einstein uma vez citou que a maior e mais fundamental decisão que você tem que tomar na sua vida é essa. Eu vivo em um universo hostil ou amigável? Qual desses? É um universo cheio de hostilidade, de raiva e de pessoas querendo odiar umas às outras. Pessoas querendo matar umas às outras. É isso que você vê?

Quando você vê o mundo dessa forma, é exatamente isso que vai criar para si mesmo na sua vida. Isso vem de grandes mentes científicas. Imagine que está dentro de sua casa e acaba a luz. Como estava com a chave da casa nas mãos, deixa-a cair. A rua está iluminada, então sai e começa a procurar pelo lado de fora a chave. Seu vizinho vê e pergunta o que está fazendo. Você diz que está procurando a chave que deixou cair. Em auxílio, o vizinho pergunta onde deixou a chave cair. Você responde que foi na sala. O vizinho então chega à conclusão que deveriam procurar a chave dentro de casa.

Mas não é exatamente assim que fazemos quando temos um problema, uma dificuldade ou um sofrimento, que se encontra do lado de dentro, e nós procuramos a solução do lado de fora? Em algum lugar fora de nós mesmos?

Às vezes estamos esperando que outra pessoa mude ou algo fora de si se torne melhor, aí sim você fazer a sua vida funcionar. É algo que realmente temos que dar uma boa olhada, porque está dentro de nós.

Existem muitas maneiras de conseguir o que queremos para nossa vida. Basicamente, tudo começa em como você escolhe pensar. "Como você pensa, assim se tornará".

Para que possa superar os desafios que é viver em um mundo de constantes mudanças, é necessário que como pessoa mude também, que as velhas crenças possam ser deixadas para trás, pois não fazem mais sentido na nova trajetória de constantes mudanças.

Continuar sustentando velhas crenças apenas o fará perder as maravilhas que poderia viver, experimentar novas experiências e vislumbrar o novo, porque você também faz parte dessa mudança, é o empreender interior. Fazer novas tentativas de excelência interna, pois o externo pouco, ou quase nada, tem a ver com o que acontece em nossas vidas.

Podemos fazer muitas coisas, pois nesta nova realidade não existe idade, não existe sexo, o que realmente existe é a vontade de fazer as coisas acontecerem. Para alguns, menos complicado do que para outros, mas a mágica disso tudo é que não existem mais limites para você reinventar-se, redescobrir-se e criar novas soluções que possam ajudar o maior número de pessoas. É nisso que precisa acreditar, que é capaz de sair de uma condição medíocre e parar de achar o culpado, pois tudo está dentro de você.

Capítulo 13

Estou florescendo. Você também pode!

Márcia S. Pereira

O momento de virada acontece para todos. Muitas vezes despercebida é a oportunidade de se escrever uma nova história. Algumas vezes precedida de extremo prazer; outras, pelo ápice da dor. A cirurgia neurológica quase me fez desistir. Mas, a partir dela, tudo fez sentido. Conheci a felicidade, descobri meu propósito e me realizo profissionalmente a cada dia.

Márcia S. Pereira

Nutricionista há 25 anos pela UFV e *Master Coach* pela SBCoaching. Treinadora Comportamental, palestrante, mentora em desenvolvimento profissional e empreendedora no ramo de infoprodutos voltados a profissionais. Criadora do Método FloreSer, que objetiva promover bem-estar e felicidade a indivíduos e grupos, com aproximadamente 500 alunos até o momento. Especialista em Gestão Estratégica de *Marketing*, Nutrição Clínica, Esportiva e Social. Docente no curso de Nutrição durante 8 anos. Formou mais de 300 nutricionistas e foi homenageada em 6 semestres consecutivos. É *Personal & Professional, Life, Positive, Executive & Business* e *Master Coach* pela SBCoaching. *Practitioner* em PNL pela Sociedade Internacional de PNL. Certificada em Psicologia Positiva Aplicada por Martin Seligman. Membro da Sociedade Brasileira de Coaching. Estudiosa da Neurociência, *Mindfulness*, Comportamento Humano, Inteligência Emocional, *Yoga* Integral, Meditação, *Feng Shui* na Alimentação e Nutrição Intuitiva e Consciente.

Contatos
https://www.marciaspereira.com.br/
contato@marciaspereira.com.br
(32) 99945-2672

Márcia S. Pereira

Em 20 de março de 2015, após 9 horas de cirurgia, acordei com o neurocirurgião se despedindo: "Márcia, foi tudo bem!". Mas ele não imaginava que, no finalzinho do procedimento de retirada de um cavernoma gigante, ao lado esquerdo do meu cérebro, algo desse errado. Ninguém poderia imaginar que, quando tudo parecia indo bem, apenas um fio de sangramento seguiria despercebido em direção ao local referente aos movimentos do meu braço direito e o fizesse paralisar.

"É o maior cavernoma que já vi e tem o tamanho de uma laranja bahia". Nessa cirurgia, provavelmente, você terá os movimentos da sua perna direita comprometidos. Terá que se dedicar a um longo período de reabilitação". Foi o que escutei na sala do neurocirurgião. Para surpresa dele, lá estava eu no pós-cirúrgico conversando e feliz, mas sem nenhum movimento no braço. Não sei se ficou mais surpreso com a falta de movimento no membro ou com a minha resiliência.

Quando fazemos cursos de *Coaching*, Inteligência Emocional, Psicologia Positiva, assistimos a palestras ou participamos de eventos, escutamos tantos cases interessantes. Eu me perguntava: quando me tornar uma *master coach*, uma treinadora comportamental, qual case interessante terei para contar? E foi somente isso que eu conseguia enxergar naquele quarto de hospital: "Agora sim, eu tenho uma história incrível para contar".

O êxtase do primeiro momento foi substituído três meses após a minha alta. A dor lancinante que tomou conta do meu braço, logo depois que os movimentos começaram a voltar, era insuportável. Era a temida Síndrome Ombro Mão. Nesse período pensei em desistir. Senti muita pena de mim. Passei seis meses dormindo sentada, porque deitada a dor não permitia. Era impossível. Oito meses passaram, a dor cessou, mas o braço, que já havia retomado boa parte do movimento, ficou comprometido. Retomei minha força e fiz o que tinha que ter feito: reiniciei a reabilitação com foco e dedicação.

Costumo dizer que todos passam pelo momento da virada. Alguns em momentos de extremo prazer; outros, no ápice da

Momento zero

dor. Alguns percebem claramente esse momento; para outros, passa despercebido.

Quando experienciei tudo isso, principalmente nos momentos de dor extrema, cheguei a pensar que estava sendo punida por algo. Mas, ao mesmo tempo, sentia uma gratidão tão forte e um sentimento desconhecido que brotava em mim mesmo nos momentos mais difíceis. Era a tal felicidade plena que eu tanto havia buscado durante anos da minha vida. Uma paz profunda e uma alegria em acordar, só pelo fato de despertar e ver uma vida inteira diante de mim. Satisfação em estar viva, independente das conquistas do dia anterior, das expectativas do que estava porvir e de como havia passado a noite. Era simplesmente felicidade.

Os dias foram passando, as atividades de fisioterapia tomaram conta do meu dia. Minha sede em melhorar só aumentava. Melhorar em todos os aspectos. Entendi que, para o meu físico responder, teria que prestar atenção em minha alimentação. Não poderia permitir que meu peso sobrecarregasse minhas articulações ainda frágeis. Isso, sem dúvida, prejudicaria o processo e exigia atenção.

Percebi que precisava me manter equilibrada. O processo seria monótono e longo, tinha consciência disso. O equilíbrio era vital para me manter determinada e otimista. Descobri que entender o funcionamento do meu cérebro e da minha mente seria alicerce na construção dessa jornada.

E foi isso que decidi e fiz. Meus dois primeiros anos se resumiram em fisioterapia, visitas a médicos, temporadas em hospitais de reabilitação e longas horas de estudos. Desenvolvi conhecimentos e habilidades que nunca imaginei conseguir. Aprofundei-me em tudo que já havia estudado antes da cirurgia e que pudesse auxiliar. Busquei novos conhecimentos para entender o que se passava em meu cérebro. Virei uma máquina sedenta de aprendizado e consegui entender como tudo poderia ser bem melhor em minha vida.

Busquei meu florescimento como pessoa e como profissional em cada minuto que tivesse. Foi lindo e instigante imaginar e entender cada nova conexão neuronal ocorrendo. Como o cérebro respondia aos novos comandos. Foi emocionante acompanhar e protagonizar o florescer de uma nova Márcia.

Como o neurocirurgião disse na ocasião da cirurgia em seu consultório, "a reabilitação será longa". Minha consciência do processo nunca me enganou. Sempre soube que a fisioterapia e alongamentos nunca deixariam de ser essenciais para o meu bem-estar. Mas quer saber? Isso nunca me assustou. Nunca enxerguei como um problema. Talvez a resiliência tenha sido a principal característica que descobri em mim durante essa jornada. Hoje, após 5 anos, restam sequelas, e está tudo bem. Mas tem sido encantador a reconstrução dos pilares em meu ser integral.

O meu momento zero

Fico indagando em qual momento houve a virada de chave, o meu momento zero. Talvez no dia em que descobri o cavernoma ou quando senti aquela paz incomensurável no pós-cirúrgico? Toda reconstrução vivida após esse período foi libertadora. Foi como se vários *loops* que precisassem ser encerrados fossem findados ali, naquele período. A partir daí, foquei exclusivamente naquilo que me fizesse florescer.

Minha alimentação, exercícios para ganho de força, alongamentos, horas de sono e trabalho com o cardiorrespiratório não eram novidades. Seria o mínimo, porém essencial para a minha qualidade de vida. Mas a etapa seguinte em que me debrucei com paixão foi o que me despertou para uma nova forma de enxergar as coisas. Foi como descobrir como iluminar os pontos cegos. Eu descobri o combustível que faria minha máquina ter energia e desejo real de continuar.

As quatro pétalas do florescer

Hoje tenho absoluta certeza de que qualquer pessoa pode melhorar. Independentemente do que esteja vivendo. Mas aconselho trabalhar o que eu chamo de as quatro pétalas do florescer. A pétala física é importantíssima, mas não deixemos de lado a pétala mental, emocional e espiritual.

Em um processo de reabilitação, como também no restabelecimento de qualquer situação que esteja vivendo, você talvez tenha resultados usando apenas uma das pétalas do florescer. Eu poderia ter resultados somente com a fisioterapia e medicamentos, mas nossa mente, em sua tagarelice, frequentemente nos inunda de indagações que podem ou não ajudar.

Nossas frustrações e emoções negativas podem nos fazer desistir. Nossa falta de fé e de propósito consomem totalmente nossa energia vital, nos tornando vítimas de uma vida sem sentido e infeliz.

Sua mente: sua senhora ou sua serva?

Guarde uma coisa: nossa mente é como uma gueixa. Devemos liderá-la e não sermos liderados por ela. Eu entendi isso

Momento zero

claramente e creio que pode se tornar claro para qualquer pessoa. Somos os senhores e nossa mente, a serva. Não pode, em hipótese alguma, acontecer o inverso. Quando entendemos isso, passamos a ser os protagonistas de nossa história.

Após o primeiro, e mais difícil ano da reabilitação, tomei uma atitude. O problema que estava vivendo não poderia ser maior que eu. Decidi que queria não só continuar, mas realizar tudo que sempre sonhei. Aprendi a escrever com a mão esquerda, aprendi do absoluto zero tudo referente a *marketing* digital, abri minha empresa de infoprodutos. No momento em que escrevo este texto, estou finalizando meu 12.º produto digital. Tenho uma equipe com 8 profissionais e já possuo em torno de 500 alunos. Digo, só estou começando.

Quando você trabalha o seu autogerenciamento, se torna um jardineiro e sua mente passa a ser o seu jardim. Cada pensamento que o desvia de algo que o tornaria maior que seus problemas deve ser arrancado. Em seu jardim, você não precisa constantemente tirar ervas daninhas? Faça o mesmo em sua mente. Com o tempo, as plantas frutíferas e as flores irão sobrepor as ervas daninhas. A falta de iluminação as fará perder a força. Assim acontece com nossos pensamentos. Pare de dar ênfase a pensamentos que não proporcionam seu florescimento. Seja um jardineiro dedicado.

A felicidade é aprendida

Essa foi minha melhor descoberta durante a aventura da reabilitação. A Psicologia Positiva e a Neurociência me encantaram trazendo novos conceitos e estudos a respeito das emoções. Exames como a ressonância magnética mostraram que a atividade neural muda o fluxo sanguíneo, ou seja, permitiu que neurocientistas conhecessem em tempo real o trabalho do cérebro. Com isso, é possível conhecer as partes estimuladas ao sentirmos emoções negativas e também positivas.

Até pouco tempo atrás, acreditava-se que a felicidade era uma resposta a algum evento. Porém, descobertas revolucionárias da Psicologia Positiva provaram que ocorre justamente o contrário. Quando estamos felizes ou cultivamos estados emocionais positivos, ficamos mais focados, mais motivados e temos mais sucesso naquilo que exercemos. É como se a felicidade fosse o centro e o sucesso uma resposta que a permeia.

Mas aonde quero chegar com isso. Conhecendo tudo isso, resolvi trabalhar o cultivo de emoções positivas, praticar a felicidade e ampliá-la. A começar pela postura. Manter os ombros erguidos, queixo para cima e um sorriso no rosto. Essas mudanças na fisiologia contribuem para estimular a produção de neuroquímicos do bem-estar.

Busquei também outras atividades que ativassem ainda mais partes importantes do meu cérebro. Assisti a filmes engraçados, li excelentes livros e intensifiquei minha prática de meditação. Além disso, utilizei e ainda utilizo muitas ferramentas de *coaching* para ampliação do padrão mental.

Os resultados foram e ainda são surpreendentes. Afinal, a reorganização cerebral, promovida pela neuroplasticidade, pode ser facilitada por meio de um treinamento repetitivo. Portanto, se treinar repetidamente ser feliz, você será.

A bússola interna – o melhor guia de viagem

Se existe algo que não lhe permite desistir é a aspiração. Costumo dizer que esse é o desejo da alma e que ele antecipa o futuro. Você já deve ter escutado a frase "quando deseja muito algo, o universo conspira a favor". É por aí, quando você deseja verdadeiramente algo, como desejei sair da condição de coitadinha para a condição de realizadora, a mágica ocorre. É como uma força motriz puxando o futuro a seu favor.

Eu desejei muito sair daquela condição e mostrar para o máximo de pessoas que podemos realizar qualquer coisa. Se existe uma aspiração, acredite, você realizará. Mesmo que sua condição atual lhe diga o inverso, você poderá realizar. Mas não esqueça: aspiração, desejo da alma. A sua decisão em sair da condição que está hoje só depende de você. Você é o responsável.

Se seu desejo é verdadeiro e latente, o aconselho a começar a pensar, sentir e se comportar, como se já estivesse realizando tudo aquilo que aspira realizar. Essas perguntas o ajudarão: o que me faria verdadeiramente feliz e realizado? O que posso fazer durante horas e, ainda sim, ter ânimo para continuar? O que amaria fazer pelo resto de minha vida?

Veja o meu exemplo: o meu desejo de contribuir com a realização e a felicidade de outras pessoas não me permitiu desistir. Foi a minha força motriz. Para qual caminho sua bússola interna está o guiando? Você está sendo fiel ao direcionamento dela?

Vítima ou protagonista?

Quando nos encontramos em uma situação desfavorável, temos a tendência a cair na armadilha do vitimismo. Mas tem

Momento zero

algo que ninguém lhe contou. Você pode optar entre o vitimismo, continuar em uma vidinha medíocre e sem realizações, ou acionar o comando para protagonizar uma vida de realizações.

Eu fiz essa escolha e isso tornou tudo diferente. A receita é simples e o tornará uma pessoa acima da média. Ativando os comandos certos, você poderá se tornar uma pessoa empoderada, feliz e realizada no que se propor a executar.

O primeiro passo é tomar a decisão pela mudança e compreender que, ao fazer uma opção, precisará abrir mão de outras. Você precisa se desapegar daquilo que é incongruente com seu propósito e daquilo que não tem como controlar. Atenha-se ao que está sob o seu controle.

Parta então para o autoconhecimento. Identifique suas crenças, emoções, pensamentos, atitudes, forças, virtudes, sonhos. Isso precisa estar claro para o seu florescimento. Conhecendo seus pontos fortes e suas fragilidades, seu autogerenciamento fortalece e você terá em suas mãos as rédeas da sua vida.

Agora é assumir para si a responsabilidade por cada passo, ativar sua autorresponsabilidade. Evite delegar aos outros ou a algo seus resultados e objetivos. Você é o único dono de seus objetivos e, consequentemente, o responsável pelos resultados.

Para finalizar e iniciar sua jornada de realização, ative sua bússola, deixe fluir sua aspiração e seu desejo da alma. Esse será o alimento para ativar sua autodeterminação e torná-lo imparável.

Mostre ao mundo a que veio. Seja feliz e floresça!

Capítulo 14

Três momentos: sobre oportunidades e escolhas

Maria Helena Lobão

Este capítulo tem como objetivo promover uma reflexão sobre as oportunidades que surgem em nossa vida e sobre as escolhas que fazemos no decorrer dela, seja no âmbito pessoal, educacional, profissional, social ou familiar. Essas escolhas são demarcadas pelo momento em que dizemos "sim", pelo momento em que dizemos "não, e pelo momento em que não dizemos "não", mas negociamos as condições do "sim".

Maria Helena Lobão

Psicóloga formada pela Pontifícia Universidade Católica de Minas Gerais, em Belo Horizonte, em 2005. Possui formação em *Coaching* Vocacional pelo Instituto Maurício Sampaio e curso de Orientação Profissional ministrado pela empresa Consultar Gestão de Pessoas. Coautora do livro *Contos que curam*, publicado pela Literare Books International, em 2019.

Contatos
lobaomariahelena@gmail.com
(31) 99464-5237

Maria Helena Lobão

A história de um breve encontro

É tempo de primavera e um senhor recém-aposentado, com cerca de 60 anos de idade, está sentado no banco de uma praça observando as pessoas que transitam por ali. Chega um adolescente, que saboreia uma casquinha de sorvete, e se senta no mesmo banco em que ele está. Retira a mochila das costas e a coloca entre eles. O adolescente acabara de sair da escola onde estuda, o que pode ser presumido pela camisa de malha que ele está usando.

O homem pergunta ao jovem se ele estuda na escola cujo nome estava impresso na camisa. Ele responde que sim. O homem, então, pergunta em qual ano ele está matriculado. O rapaz responde que está no último ano do ensino médio. Diz também que está muito indeciso, porque os pais querem que ele entre para a faculdade, mas ele não tem muita vontade de continuar os estudos, pois não gosta de várias disciplinas e o tempo para se formar em um curso superior é muito longo.

O senhor, então, diz ao rapaz que, quando era jovem, tinha muita vontade de estudar, mas na cidade onde ele morava não havia escolas de ensino médio nem de nível superior, somente de nível fundamental. Como ele tinha que ajudar a sustentar os seus pais e irmãos e não teve oportunidade de estudar em outra cidade, acabou desistindo do seu sonho de continuar os estudos. Depois se casou, teve filhos e também teve que trabalhar para sustentá-los. Os seus filhos cresceram e tiveram a sorte de concluir os estudos. Apesar de morarem em um distrito, a prefeitura local fornecia transporte para que eles estudassem em uma cidade próxima. Assim, seus filhos conseguiram concluir o ensino médio e alguns deles chegaram a cursar a universidade e se formar.

Esta pequena história nos estimula a fazer alguns questionamentos pertinentes:

1. Todos têm as mesmas oportunidades?
2. Algumas pessoas têm mais sorte do que outras, sendo agraciadas por oportunidades que não surgem para os demais?

Momento zero

3. Como aproveitar as oportunidades que surgem em nossas vidas, fazendo escolhas adequadas para o nosso crescimento e para o nosso sucesso pessoal e profissional?

É certo que, desde que nascemos, diversos fatores terão muita influência nas oportunidades que teremos ao longo da vida e nas escolhas que faremos: se nós nascemos no seio de uma família rica, com abundância de recursos financeiros, materiais e culturais, teremos oportunidades que outras pessoas não terão. Se por outro lado, nascemos numa família com poucos recursos financeiros, culturais e educacionais, com pequeno ou nenhum acesso a esses recursos, não teremos as mesmas oportunidades que as pessoas nascidas de famílias mais abastadas.

Dessa forma, muitos jovens com potencial e motivação para estudar e se tornar um bom profissional, não têm acesso a estudos mais avançados ou a uma boa formação escolar. Por outro lado, independentemente do local onde nascemos e crescemos e da condição socioeconômica e cultural de nossa família de origem, no decorrer de nossa existência surgem oportunidades, que podemos aproveitar ou não. Ao dizermos "sim" para essas oportunidades, temos a chance de crescer e de nos tornarmos pessoas bem-sucedidas.

Às vezes, as oportunidades chegam de forma disfarçada e não nos damos conta de que são oportunidades, como na história do homem sem sorte, contada pelo pedagogo, escritor e contador de histórias, Roberto Carlos Ramos, em suas palestras motivacionais, uma delas proferida na cidade de Tupã - São Paulo, que pode ser acessada por meio do link: https://www.youtube.com/watch?v=2X3QGNVF56Y.

Na referida palestra, Roberto Carlos Ramos narrou também a sua história de vida, descrita em seu livro *A arte de construir cidadãos: as 15 lições da pedagogia do amor*, que é retratada no filme *O Contador de Histórias*.

Conforme ele conta, foi levado para a antiga FEBEM (Fundação do Bem-Estar do Menor), em Belo Horizonte – Minas Gerais, pela mãe, aos seis anos de idade, na esperança de que recebesse educação e se tornasse um "doutor". Ele fugiu diversas vezes daquela instituição e foi considerado um caso "irrecuperável". Porém, ele teve a sorte e a oportunidade de mudar de vida quando, na própria FEBEM, conheceu uma pedagoga francesa, que veio ao Brasil e fez uma visita àquela instituição. Ela o convidou para morar em sua casa e conseguiu a sua guarda. Aos 14 anos de idade, Roberto Carlos foi com ela para a França, retornando ao Brasil aos 21, onde se formou em Pedagogia.

Muitas vezes as oportunidades requerem paciência, persistência e resiliência para darem seus primeiros resultados. O caminho nem sempre será um mar de rosas; também tem seus espinhos e seus percalços. Mas, tendo um objetivo em mente e foco nas ações necessárias para atingi-lo, será mais fácil percorrê-lo.

No decorrer da vida, não obstante as nossas condições socioeconômicas e culturais, nós nos deparamos com uma variedade de alternativas e possibilidades de escolha. E as escolhas que fazemos ao longo da vida vão nos conduzir a determinados lugares e a determinados resultados. É importante destacar que, quando dizemos "sim" para uma alternativa, dizemos "não" para muitas outras. Por exemplo, se eu quero estudar para uma prova da escola e conseguir um bom resultado, pelo menos por algum tempo tenho que abrir mão de outras atividades, tais como: assistir à televisão, navegar nas redes sociais, ir a encontros sociais com colegas e realizar outras atividades que considero prazerosas.

Portanto, há momentos em que é mais saudável e adequado, e às vezes até necessário, dizer "não". Por isso, é importante que, ao tomar uma decisão, avaliemos as consequências daquela decisão, no presente e no futuro, para nós e para outras pessoas. Então, as perguntas que devemos nos fazer são:

1. Quais são os possíveis resultados dessa decisão em minha vida, no presente e no futuro?
2. Como estou me sentindo com essa decisão: com raiva ou não? Triste ou alegre? Satisfeito ou insatisfeito? Tenso ou relaxado? Potente ou impotente? Bem disposto ou abatido? Aliviado ou angustiado? O que o meu corpo e as minhas emoções estão me dizendo?
3. Essa decisão está alinhada com os meus sentimentos, os meus valores e os meus princípios?
4. Além de mim, quais pessoas serão afetadas pela minha escolha? De que forma serão afetadas?
5. Ao fazer essa escolha, posso me tornar uma pessoa melhor para mim mesma, para outras pessoas e para o mundo? De que maneira?

Momento zero

À medida que vamos caminhando na vida, acumulamos experiências: algumas positivas, outras negativas. Mas todas essas experiências são importantes para o nosso amadurecimento. Elas contribuem para o desenvolvimento de nossa capacidade crítica e de discernimento. Assim, podemos avaliar melhor as novas opções que surgem em nossa vida, antes de dizermos "sim" ou "não" para elas.

E no tocante à questão profissional, após termos trilhado um longo caminho, se nesse período tivermos adquirido certa estabilidade econômico-financeira e uma sensação de dever cumprido, chega um momento em que podemos reduzir as nossas atividades, desfrutando de mais tempo e tranquilidade para fazer bem feito o que já fazemos e, também, para fazer novas escolhas, dedicando-nos àquelas atividades que nos dão maior prazer e satisfação. Então, teremos liberdade e autonomia para dizermos "sim" para algumas atividades e "não" para outras.

Por fim, existem situações em que não dizemos "não"; porém, o "sim" deve ser negociado, de forma que as condições e os resultados sejam justos e satisfatórios para todas as partes envolvidas. José Augusto Wanderley, em seu livro *Negociação total: encontrando soluções, vencendo resistências, obtendo resultados*, diz que todos nós somos negociadores, quer queiramos ou não. Ele afirma que, seja na vida profissional ou particular, negociar faz parte do nosso dia a dia.

Considerando que, muitas vezes, em uma negociação, os interesses das partes envolvidas são conflitantes entre si, ao negociar com outras pessoas, inclusive no âmbito familiar, além das cinco perguntas inseridas na página anterior, é importante que também façamos as perguntas a seguir:

1. Eu estou me sentindo prejudicado ou sobrecarregado?

2. Quais concessões posso fazer e quais concessões espero que a outra pessoa faça para que a situação fique mais equilibrada, do meu ponto de vista, e para que eu me sinta mais leve e confortável?

3. Quais outras alternativas posso propor para que não me sinta sufocado ou sobrecarregado e, ao mesmo tempo, a outra parte seja atendida em suas necessidades e demandas?

4. Eu posso solicitar e aceitar a ajuda de alguém? Ao aceitar a ajuda de outra pessoa, como distribuir as tarefas ou as funções?

5. Eu posso oferecer ajuda a alguém? Que tipo de ajuda e apoio posso oferecer?

Em uma negociação, temos que expor nossos interesses e nossas necessidades, exercitar nossa agressividade e nossa assertividade, defendendo nossa posição com firmeza e segurança, bem como oferecendo alternativas que correspondam à situação. Por outro lado, para que ambas as partes cheguem a um acordo satisfatório, é importante o exercício da empatia e da cordialidade.

Talvez seja difícil para alguns exercitar a assertividade, por medo de se expor, de ser alvo de crítica ou julgamento por parte das demais pessoas. E talvez seja difícil para outros exercitar a empatia e a cordialidade. No entanto, para chegarmos a um acordo satisfatório, é necessário que vençamos essas dificuldades e limitações.

Para exercitar a empatia, devemos tentar nos colocar no lugar da outra pessoa. Devemos procurar entender os interesses dela, as suas motivações.

Para exercitar a assertividade, devemos expor nossos sentimentos, pensamentos e opiniões, sem ofender ou agredir o outro. Há situações em que as pessoas têm um comportamento egoísta, pensando apenas em se dar bem, pouco se importando com o outro. Mas, em muitas situações, as pessoas acabam não levando em conta os interesses e necessidades dos outros, não por egoísmo, mas porque não foram sensibilizadas ou não tiveram a percepção dessas necessidades. Então, cabe a cada um de nós manifestar os próprios interesses, as próprias necessidades e os próprios sentimentos.

O outro, exercitando a empatia, pode deduzir o que penso e o que sinto, mas somente eu sou capaz de vivenciar e reconhecer, no meu corpo e na minha mente, o que penso e o que sinto, em cada momento. Então, o outro só saberá, de fato, o que penso e o que sinto, se eu disser a ele.

No entanto, se depois de expressar os meus desejos, as minhas necessidades, os meus pensamentos e os meus sentimentos, o outro não estiver disposto a fazer concessões que sejam satisfatórias para mim e para ele, promovendo assim um equilíbrio na negociação, não há porque fazer ou manter o acordo, pois não estarei feliz e me sentirei prejudicado nessa relação. Então, é mais saudável que eu abra mão dessa negociação e tenha a coragem e, talvez, a humildade de dizer "não", ainda que isso signifique expor as minhas vulnerabilidades, aceitar as minhas limitações e me arriscar a não ser amado pelo outro.

Referências
ALBUQUERQUE, Iandê. *Onde não existir reciprocidade, não se demore*. São Paulo. Planeta Brasil, 2018.
BUFFETT, Peter. *A vida é o que você faz dela*. Rio de Janeiro. Best Seller, 2011.
GIUDICE, Cláudia. *A vida sem crachá*. Rio de Janeiro. Haper Collins Brasil, 2018.
HARRIS, Dan. *10% mais feliz*. Rio de Janeiro. Sextante, 2015.
HUECK, Karin e DI GIACOMO, Freud. *Glück: O que um ano sabático nos ensinou sobre a felicidade*. Rio de Janeiro. Best Seller, 2018.
POWELL, John. *Por que tenho medo de lhe dizer quem sou*. 8. ed. Belo Horizonte: Crescer, 1991.
RAMOS, Roberto Carlos. *A arte de construir cidadãos: As 15 lições da Pedagogia do Amor*. São Paulo. Celebris, 2004.
_____ Palestra motivacional. Disponível em: <https://www.youtube.com/ watch?v=2X3QGNVF56Y>. Acesso em: 15 de mar. de 2020.
RIBEIRO, Mauro Gonzalez. *Minha vida amorosa: como sair do inferno e chegar ao céu*. Independently Published, 2019.
WANDERLEY, José Augusto. *Negociação Total: Encontrando Soluções, Vencendo Resistências, Obtendo Resultados*. São Paulo. Gente, 1998.

Capítulo 15

O grande marco em minha vida: da cadeira de rodas ao *ironman*!

Shirley Caminha

Este capítulo não é uma simples autobiografia, é um relato de alguém que chegou a um patamar alto, onde exatamente queria estar, e que perdeu tudo, retornando inúmeras vezes ao marco zero. A história que conto aqui é um convite a você que me lê para mergulhar em um mar de emoções: chorar e sorrir. Espero profundamente que se inspire a viver o melhor momento da sua vida.

Shirley Caminha

Pedagoga graduada pela Universidade Vale do Acaraú – UVA/Ceará (2001). Pós-graduada em Estratégia e Gestão Empresarial pelo Cetrede (2002) e Liderança Executiva pela Fundação Getulio Vargas – FGV (2019). Formada em *Coaching* pela Florida Christian University (EUA) (2013). Psicopedagoga (2016) e Psicanalista pela Associação Brasileira de Ensino a Distância – ABED (2020). Analista Comportamental pela Federação Brasileira de Coaching Integral Sistêmico – Febracis (2017). *Master Practitioner* em PNL pelo Mapa de Talentos (2016). Grafologia – ABED (2019). Mestranda em *Neuromarketing* pela Florida Christian University – FCU (EUA). Atua há mais de 25 anos com desenvolvimento de pessoas.

Contatos
www.shirleycaminha.com.br
shirleycaminha@gmail.com
Instagram: @shirleycaminha
Facebook: Shirley Caminha
(85) 99162-9099
(85) 99101-9099
(85) 98189-9099

Introdução

Q uando recebi convite da editora para escrever este pequeno capítulo, confesso que pensei em várias histórias e relatos de superação. Mas, assim que soube realmente o tema e o título do livro, *Momento zero*, a primeira coisa que pensei: "foi feito para mim". Afinal, quantas vezes tive que me reinventar, me refazer e começar tudo do zero? Ao olhar para minha jornada, percebi que meu foco estava sendo minha carreira, por isso demorei alguns dias para escrever porque sentia que faltava uma forte inspiração. Queria ouvir a voz de Deus me dizendo o que tinha acontecido comigo até aqui para que eu pudesse compartilhar minha história e contribuir com a de alguém que lesse nas próximas linhas. Não fazia a mínima ideia. Aos poucos, a ficha ia caindo. Uma voz divina me dizia para começar: "não é sobre você, é sobre mim", e como diz I João 2:5: "Se alguém obedece à sua palavra, nele verdadeiramente o amor de Deus está aperfeiçoado". E aqui inicio.

Primeiro momento: da cadeira de rodas ao *Ironman*

Minha família era composta de três irmãos: meu pai Evandro, piloto de avião, tenente da Aeronáutica e, mais adiante, engenheiro civil; minha mãe Cirene, mulher forte e determinada, vinda do interior, dedicada à criação dos seus filhos, que se negligenciou profissionalmente, não conseguiu se desenvolver na carreira, e, aos 14 anos, deu à luz a Eudes, meu irmão mais velho, a Edson, irmão do meio, e à caçula, que sou eu, única mulher e filha mais nova, Shirley.

Nasci em um lar onde fui muito esperada e amada, apesar da dificuldade financeira dos meus pais no início do casamento. Meu pai, quando se formou engenheiro, montou a própria construtora, em São Paulo, com isso pode nos proporcionar uma vida repleta de conforto e abundância. Morávamos numa casa linda em um dos melhores bairros da cidade, com cinco quartos e uma imensa área externa. Éramos uma família feliz, e eu a queridinha

Momento zero

do papai. Lembro-me de acompanhá-lo com apenas 6 anos e até dormindo ao lado dele nas madrugadas durante seu plantão, o que me inspirou mais tarde a fazer faculdade de engenharia civil. Aos 7 anos, meu mundo caiu. Comecei a ver frequentemente discussões entre meus pais e uma crise financeira se aproximando. Certo dia, acordei e meu pai não estava mais lá. Sumiu, nos abandonou, sem sequer se despedir. Meu coração parecia que ia ser arrancado de mim. Dias depois, minha mãe nos reuniu para contar o que houve. No dia seguinte, não fiquei mais em pé, o impacto emocional foi tão forte que a medula e a vértebra tinham saído do lugar. Fui levada às pressas ao hospital pela minha mãe. Fiquei sem andar por quase três meses, dependendo de cadeira de rodas.

Minha mãe ficou com 3 filhos pequenos para criar, marido desaparecido e construtora falida. Com toda essa turbulência, ela fazia de tudo para conseguir acompanhamento psicológico para mim, mas aparentemente tudo estava normal, o problema era unicamente emocional e a única coisa que se podia fazer era esperar até que tudo se normalizasse. Literalmente, era o meu primeiro momento, aquele em que retornava à estaca zero.

Agarrei-me a uma fé indestrutível que me fez levantar da cadeira de rodas e, anos depois, concorrer a 6 edições do *Ironman Brasil*, o maior evento de *triathlon* da América Latina.

Segundo momento: fugindo da cidade

Minha mãe começou a vender tudo de casa para sair daquela cidade e voltar para casa da minha avó, em Juazeiro do Norte, no Ceará. Quando começamos a cogitar nosso retorno à casa dos meus avôs, que eram evangélicos, comecei a recuperar minha esperança na família, algo me dizia que não estava tudo acabado, havia pessoas que iriam cuidar de mim.

Deparei-me com uma situação que nunca havia passado. Nasci em um lar muito próspero. De repente, cheguei à casa humilde da minha avó, onde até o banheiro era fora de casa e tomávamos banho com balde. Eu chorava todos os dias e minha mãe me consolava: "isso vai passar logo!". Era uma realidade diferente e estranha para mim. Foi um dos marcos dolorosos que me causaram fraturas imensas.

A visão que tive era que poderia ajudar não somente minha mãe, mas a mim e a outras mulheres. Tinha certeza de que eu queria sair daquele buraco, com o amor e os ensinamentos da minha avó, com a qual aprendi várias coisas, entre elas o amor de Deus. Naquele momento fui abandonada por um pai terreno, mas nunca pelo Pai do Céu.

E o mais impressionante aconteceu: tudo que tinha sonhado se realizou. Fui desenvolvendo um mecanismo que não dependia de técnica, era algo que fora implantado dentro de mim, a fé, que me fez ir além e proporcionou que eu saísse daquele quadro que acabo de contar.

Meu pai voltou e tudo começou a se encaixar, mas novamente nos abandonou e, assim como da primeira vez, ficamos sem nada. Agora, em uma cidade pequena, onde todos nos conheciam. Foi preciso irmos embora de madrugada. Diante de tantas dívidas, não podíamos nos despedir de ninguém. Senti-me fugitiva e envergonhada, prometendo para mim mesma que nunca mais aquilo aconteceria comigo.

Anos depois voltei àquela cidade sendo colocada em lugar de honra. Um dia saí como fugitiva; em outro, Deus me fez entrar com "outdoor" por toda cidade, anunciando minha chegada com grande palestra para os moradores.

Terceiro momento: "carroça na frente dos cavalos" e o "fundo do poço"

Essas expressões regionais representam uma inversão no sentido natural das coisas e me faz lembrar que também comecei de um modo errado; em outras palavras, recebi a notícia de que estava grávida do meu primeiro namorado, com apenas 15 anos. Na minha cabeça, os sonhos de menina tinham ido embora. Afinal, a garotinha virou mulher e com um bebê nos braços para criar. Dei à luz a uma linda garotinha, Camilla; depois, a João Victor. Reinventei-me, entrei na faculdade de Administração e várias outras pós-graduações que, com a chegada dos meus filhos, fui impulsionada a fazer.

Dos sonhos e projetos que tive, nenhum deles tinha um "plano b", alternativa a tudo que havia imaginado. Deparei-me com uma situação emocional frágil a ponto de tomar uma decisão absurda e uma das grandes bobagens que quis fazer em toda minha vida. Cheguei ao fundo do poço. A solução naquele momento era tirar minha vida, tentando me entupir de remédios. Felizmente, fui encontrada pelo meu filho João Victor, de 1 ano, que não entendeu o que estava acontecendo e chamou meu sogro, que estava na sala, e me levou ao hospital. Graças ao socorro, nada mais grave aconteceu. Renasci.

Quarto momento: redescobrindo o meu propósito e uma nova profissão

Entrei em uma multinacional onde tive ascensão meteórica, saindo do patamar de um salário mínimo para ganhar 15 vezes mais. A visão que tinha imaginado começou a se realizar: cresci profissionalmente, me apaixonei, casei com o grande amor da minha vida, Eudson, e conseguimos comprar nossa casa confortável, na qual unimos nossas famílias e boa condição financeira.

O país estava em crise e meu marido foi desligado da empresa com aproximadamente mais 200 pessoas. Quando isso aconteceu, eu estava mais forte. Lembro-me de que o consolava dizendo: "nós somos um time e estamos aqui para ajudá-lo". Esse foi o momento em que a nossa família esteve mais unida.

Sempre que as perdas se acumulavam, mais eu tinha convicção de que um grande momento estava por vir. Para um atleta, por exemplo, para cruzar a linha de chegada, é necessário passar por um treinamento doloroso, que pode ocasionar microlesões nos músculos. Toda vez que pequenos vasos são rompidos, eles ganham capacidade de se refazerem de forma poderosa e com mais resistência. Nós, assim como os atletas, passamos pelo treinamento da vida, aprendemos com garra a sermos mais fortes. É na escola da vida que se aprende. O tanto de dor que o Senhor permite suportar é ao quão longe podemos chegar.

Vivia meu melhor momento de ascensão profissional sendo uma líder de equipe, mas comigo carregava uma certeza: não ser como alguns chefes que tive ao longo do caminho. Junto ao meu esposo, busquei cursos profissionalizantes para adquirir autoridade ao falar com pessoas e assim descobrir minha missão de vida: inspirar pessoas a se desenvolverem. Também me tornei uma triatleta representando nosso país pelo mundo, o que me trouxe muita bagagem de vida para viver meu propósito.

A partir disso, comecei a fazer um curso de Inteligência Emocional, em que pude mudar profundamente minha história e forma de viver. Na empresa, minha função era realocar pessoas em funções que fossem coerentes com o perfil delas. Fui me aprofundando e conhecendo na prática o mapeamento de perfil comportamental como técnica. Com isso, fui promovida várias vezes, mas ainda não estava satisfeita, não queria e não podia parar. Comecei a palestrar para grupos de clientes e fornecedores de grandes multinacionais, passei a ser convidada por grandes empresários para treinar seus colaboradores. Meus resultados saltaram de um patamar de 35% para 410%, números que brilharam aos olhos dos meus superiores. Recebi premiações internacionais, além de *e-mails* e ligações de pessoas que queriam me visitar e conhecer minhas técnicas, que proporcionaram ótimos resultados. Tornei-me psicanalista e psicopedagoga.

Em 2018, encerrei meu ciclo de 25 anos dentro da multinacional para seguir carreira solo e criar meu próprio Centro de Treinamento. Mas Deus ainda tinha algo maior para fazer na minha vida.

Se você está lendo até agora é porque se conectou e foi para você que escrevi este capítulo. Acredite: você é único e especial para o Senhor, Ele nos amou tanto que deu de volta a nossa vida (Efésios 2:4-5) e tem um plano para cada um de nós.

Quinto momento: do 0 a 1 milhão – quando ouvi a voz

Após sair da multinacional depois de 25 anos, ainda me sentia presa a um formato, a planilhas, ao sistema. Durante todo esse tempo sendo monitorada por chefes, por líderes, era como viver em correntes, executando o que me mandavam fazer, não ousava nem exercia minha capacidade, pois o medo me paralisava.

Comecei a fazer um trabalho individual com pessoas, mas ao mesmo tempo sentia que faltava alguém para me dar um direcionamento. A sensação era como uma criança perdida e sozinha num *shopping*. Tive que admitir que quem estava no controle de tudo era eu e que a decisão de seguir carreira solo era unicamente minha, qualquer passo errado também.

Minha mente não parava. Fiz vários treinamentos e comecei a ver mudanças nas pessoas, nas famílias e casamentos sendo restaurados pelos meus atendimentos. Eu queria chegar mais longe. Afinal, com 47 anos me perguntava: "como conseguir em pouco tempo atingir meu propósito impactando o maior número de pessoas?".

Como uma espécie de revelação, me veio a Voz, uma ideia única que Deus havia me mostrado para chegar a outros continentes pela *internet*. É com a Voz que mostro como cheguei a uma situação de momento zero em todos os sentidos para outro mais forte, e como saí firme de todos. Com isso, tive finalmente o entendimento, o conhecimento e a preparação espiritual que proporcionaram a minha libertação.

Ganhei muito dinheiro, mas perdi por uma simples razão: arrogância. Achava que sabia tudo, não pedia ajuda e o pior era não me permitir ser ajudada. Talvez você esteja se perguntando: e sua fé, onde ficou Deus nisso tudo? Sabe quando nosso celular está com 100% de carga e não nos preocupamos em levar o carregador ao sair? Tudo me foi tirado para que eu entendesse que Deus é Deus e que Ele nos ama de forma incondicional. Ele havia me prometido, ainda criança, me levar à multidão, e assim o fez – meu deserto havia começado aos 7 anos e no dia do meu aniversário de 47 anos, 31 de janeiro de 2020, o Senhor me deu um presente no seguinte versículo: "nem só de pão vive o homem" (Deuteronômio 8:3) – por meio de um produto digital que até o título veio Dele, cujo objetivo é libertar pessoas pela quebra dos seus paradigmas, das verdades absolutas e crenças limitantes. Só assim você terá a vida abundante que nasceu para ter. Peço que leia na íntegra o capítulo 8 de Deuteronômio.

Pessoas que falam outros idiomas conseguiram ser libertas pela Voz. Ela ecoou dentro de mim e por muitos países. Por meio da Voz, saí de um momento zero para o meu primeiro milhão, já no primeiro lançamento.

Conclusão

Neste capítulo você leu uma história real, de esperança, de uma mulher de carne e osso, com um depoimento de vida verdadeiro. Prova de que, quando exercitamos a mente e o amor de Cristo, não estou falando de religiosidade, mas de decisão e fé; o impossível e o sobrenatural acontecem em nossas vidas. Aqui mostrei os momentos mais desafiadores para que você enxergasse que é possível sair do vale e ir para o pico. Cada momento na estaca zero é um aprendizado e você precisa celebrar porque, em seguida, virá um momento de abundância. Não dê ouvidos à voz que diz que você não pode. Escute a voz do poder divino que há dentro de si. Acredite!

Capítulo 16

Dê um *restart* na sua vida!

Sidney Botelho

Recomeçar uma nova vida é entender as circunstâncias que o cercam, criar pensamentos estruturados, valorizando os sentimentos que geram alegrias, sorrisos, fortalecendo os comportamentos de mudanças e gerando atitudes eficazes para que o indivíduo encontre a saída do fundo do poço. Neste capítulo, escrevo quatro pontos fundamentais que são o guia para este caminho curto rumo a sua felicidade.

Sidney Botelho

CEO e Palestrante da Toyê Coaching, Training & Eventos. Sendo, *Master Trainer*, *Master Coach*, especializado em Hipnose Ericksoniana e especialista em Oratória, Comunicação e Negociação, formações realizadas pelo Instituto Brasileiro de Coaching, Serviços Universidade Presbiteriana *Mackenzie* e Universidade Monteiro Lobato. Experiência de 30 anos nas áreas de TI/Telecom, com passagens em grandes multinacionais; 22 anos na área de Rádio e TV, sendo âncora de Telejornal na Rede Gospel de TV; 20 anos na área de cerimonial e eventos, como apresentador e mestre de cerimônias. Escritor do livro *Além do microfone – Improvisos de um mestre de cerimônias* (2016), coautor dos livros *Profissional de alta performance* (2019), *Coaching de carreira* (2019), *Coaching – mude o seu mindset para o sucesso* (2019) e *Manual completo de empreendedorismo* (2018), todos pela Literare Books. Apresentações para mais de três milhões de pessoas.

Contatos
www.sidneybotelho.com.br
Instagram: @sidneybotelhooficial
YouTube: Sidney Botelho

Recomeçar é o que todas as pessoas desejam quando percebem que estão no fundo do poço, fracos, deprimidos, sem convicção na vida e, principalmente, sem energia para encontrar a saída do momento mais temível que estão passando. Neste capítulo, mostrarei que essa nova vida pode ser da maneira que entendemos essa situação e o que podemos fazer para trazermos de volta a nossa dignidade e vontade de viver.

Quando sentei para escrever, me deixei levar em torno de muitas recordações de momentos que pude afirmar que eu estava na pior. Isso mesmo. No pior momento da minha vida financeira, familiar, carreira e o que mais me incomodava, comigo mesmo.

Eu tinha a impressão de que o mundo havia acabado para mim e nada que eu fizesse ou que alguém oferecesse algo para me ajudar, me fortaleceria para sair daquele fracasso pessoal.

Foram dias buscando alternativas para me reconquistar e, simplesmente, eu não me amava mais, pois me via como mais em um ser no mar de gente sem direção e lutando para sobreviver, sem perspectiva alguma, deixando-me cada dia mais isolado das pessoas e das oportunidades, pois nada mais me importava, apenas ficar debruçado em minhas memórias negativas, que me afundavam ainda mais.

O sofrimento tomava conta de todos os órgãos do meu corpo e os dois principais naquele momento, meu cérebro e o meu coração, estavam dominados por frases que eu mesmo pronunciava, que definiam o ser humano que eu era para todos e que não merecia ter o nome que construí ao longo de décadas de vida.

Até que, em um determinado dia, refletindo sobre a minha vida enxerguei uma fórmula que se resumiu em quatro pontos fundamentais para a saída daquela angústia. Comecei a colocar no papel tudo que o meu coração palpitava para o cérebro. As imagens produzidas nestes mecanismos vitais pude ver muito além, como uma indução para o futuro, me condicionando ao mundo verdadeiro que sempre sonhei.

Estar convicto da minha capacidade foi o ponto inicial de tudo que mais imaginava para a minha nova vida. Fechei os

Momento zero

meus olhos e, como um equipamento eletrônico, dei um *restart na minha vida*.

A partir daquele momento, defini que se seguisse esses pontos, que me ajudariam a não mais sofrer e que me convencesse de que tudo aquilo seria para o meu melhor, dividiria com muitas pessoas que passam por isso e não conseguem se conscientizar da grandiosidade que é a vida que possuem.

O primeiro passo que todos devem dar é *entender as circunstâncias que o cercam*, pois diante de tudo o que passamos é o que vamos assimilar. Entender todas as situações que nos incomodam e que não nos fazem bem é estar convicto de que essa consciência positiva será a alavanca para a superação dessas dificuldades de forma natural. Todavia, para que isso ocorra, temos que reconhecer que estamos em um ciclo de sobrevivência cruel de nossa vida.

Reconhecer é explanar para si mesmo suas falhas e as falhas originadas de terceiros, assumindo que aquilo foi gerado para que amadurecesse. Quando internalizasse, surgiria a solução plena de todos os seus problemas.

Para identificar o que nos incomoda e que nos faz mal, o indivíduo tem que parar por horas, dias ou uma quinzena para colocar no papel, mas ele deve expressar tudo, sem medo da sensação de tristeza que toma conta do coração e escrever, incansavelmente, se permitindo conhecer sua essência.

Na sequência dessa fase, ao ler cada um dos tópicos em voz alta, perceberá que muitas dessas circunstâncias são simples de serem eliminadas e ressignificadas, mas vai depender de como lidar com cada uma dessas opções, pois todo o direcionamento será definido por você. Verá que o martírio criado foi porque não mais se conhecia e não raciocinava com a tranquilidade ou com a abrangência que é fundamental em muitos momentos de nossa vida.

Nesta etapa, a maior dificuldade é reconhecer tudo que colocamos no papel, referente à própria vida e trazendo memórias incômodas. Quando expressar tudo aquilo, de forma verbal e sincera, enxergará que o passado não mais o enfraquecerá. Os males que o limitavam serão extinguidos, não empurrando para baixo, pois você abriu sua mente para o novo e esse novo é a solução das suas situações.

Alguns temas pendentes ficarão pendentes. Nesse instante, é a hora certa de mapeá-los, encontrando as alternativas de melhorias daquela situação vivida, assumindo os erros, corrigindo-os, perdoando, encontrando o bem-estar em todos e em tudo de ruim que cerca a sua história como ser humano.

O nosso cérebro, quando traz as recordações em nossas memórias, muitas vezes são imagens que ficaram no subconsciente, que voltam constantemente sem ao menos desejarmos. Quando entendemos as circunstâncias, colocando no papel, reconhecendo cada uma, logo não mais teremos aquilo arquivado se encontrarmos a solução ou simplesmente, excluirmos definitivamente de nossos pensamentos. Quando retornarem, por algum motivo, não mais teremos mágoas sobre tudo que vivemos.

Entendendo cada circunstância, separe tudo o que você escreveu em níveis de complexidade, sendo fáceis, médias e difíceis, lembrando que você deve escolher as situações que trabalhará simultaneamente e, diante dessa escolha, seguir foco, definindo o passo a passo para cada uma das novas ações que terá para sair definitivamente dessa situação.

Em muitos momentos dessa identificação, perceberá que o problema não é exclusivamente seu e dependerá de alguém ou de muitas pessoas para sair dessa zona destruidora da sua vida, porém renuncie o egoísmo, o orgulho, qualquer sentimento negativo e vá em busca da humildade, do respeito e o principal, da aceitação com você e aquela circunstância será eliminada e seguirá rumo a sua evolução contínua.

O segundo ponto que precisamos mudar é *entender o poder do pensamento*, mas é algo que muitas vezes nos deixa de cabelo em pé, pois o nosso lado emocional quer sobressair ao lado racional, quando percebemos tudo aquilo que imaginávamos para nós vai por água abaixo.

Os pensamentos negativos ou tristes são aqueles que impedem o nosso desenvolvimento, a falta de reconhecimento alheio e, por fim, deixam em cheque a nossa capacidade de seguir em busca dos nossos objetivos.

Quantas vezes você não debruçou a sua cabeça com pensamentos que não eram pertinentes para aquela situação? Quantas vezes se desmotivou e desistiu de um sonho, aumentando a angústia do seu eu? Quantas perguntas mais o desafiavam?

Os nossos pensamentos são poderosos para a nossa vida e quem nunca duvidou de si e desistiu sem ao menos tentar, mas também têm aqueles que não temem e seguem errando descontroladamente, sem raciocinar no que está passando ou que o virá pela frente.

Grandes líderes focaram em pensamentos fortes, inovando, criando, engajando as pessoas com pensamentos positivos focados sempre para o melhor, não apenas para si, mas em prol da comunidade como um todo. Renunciaram as limitações que os enfraqueciam e encararam a realidade com seriedade e confiança do poder interno que era o combustível para externar para as demais pessoas que, talvez, não acreditavam mais neles. Quando perceberam, viram que esses, desacreditados, seguiram suas convicções e venceram os seus desafios.

Encontre o seu *eu* em seus pensamentos, não se deixe levar pelo emocional e equalize os seus pensamentos para haver o bom-senso em suas decisões. Siga a estratégia de dividir os pensamentos em bons e ruins, criando estratégias eficazes para eliminá-los definitivamente da sua vida. Entender que, diante de cada mudança que tiver em sua forma de pensar, a sua vida se tornará próspera e abundante, aumentam a sua autoestima e a credibilidade perante as pessoas que valorizarão suas atitudes, ações e, o principal, seus pensamentos.

Quando seus pensamentos estiverem estruturados, é o momento de *saber como lidar com os seus sentimentos*. Os sentimentos, diferente dos pensamentos e das circunstâncias, são responsáveis em guiar a nossa história, pois é justamente neste ponto que justificaremos o sentimento da felicidade, da alegria, do amor, do prazer de viver, dentre outros desejos.

A reflexão, para muitas pessoas, traz sentimentos conflitantes porque não entendemos o que passa em nossos corações e, diante de todo um cenário, criados por nós, queremos que as pessoas sigam os nossos pensamentos e nos esquecemos de respeitar as pessoas que discordam de nossas opiniões, deixando de lado a pureza da sensibilidade que teríamos de seguir em todos os ciclos de nossa vida.

Nos momentos mais temíveis que vivemos, nos deixamos levar por sentimentos de raiva, mágoa, rancor, depressão e o mais cruel de todos, o ódio às pessoas. Essas reações são criadas por não acreditarmos que somos importantes para as pessoas. Percebemos que a reciprocidade de nossas ações não é da forma que queríamos receber. Quando nos vemos, estamos frustrados com a vida.

Pare e pergunte – qual sentimento você tem quando abre a porta da sua casa após um dia de trabalho? Qual é o sentimento quando você abraça alguém que ama? Qual é o sentimento você tem quando se vê no espelho?

São perguntas simples que, quando respondidas com o intelecto emocional, veremos que podemos estar em dois estados: o do sofrimento e o da alegria.

Quando o indivíduo se deixa levar pelos sentimentos que o desagradam, vê que a sua vida não tem sentido para nada, todavia é determinante para a mudança em direção a sua felicidade. Para isso, basta se permitir por completo, se entregar verdadeiramente, amar as pessoas pela essência que possuem e não pela vantagem que podemos ter delas.

Esse sentimento vai se multiplicando e abrindo possibilidades de enxergar a vida com mais naturalidade, fazendo com que as pessoas tenham generosidade, mas a bondade deve existir dentro de cada pessoa, permitindo entender que tudo que fazemos é para o próximo. Indiferente se prestamos serviços ou produzimos produtos, ou até mesmo em um trabalho voluntário em alguma instituição de caridade, sem remuneração, garanto o que mais move as pessoas é o prazer de ajudar alguém.

As pessoas se esquecem de acreditar que podem amar tudo e todos. A afirmação é que a frequência que emitimos para o universo nos trará retorno mais positivo e iremos perceber que tudo aquilo que nunca nos deixamos sentir foi para amadurecermos essa habilidade tão especial, que está em falta em muitas pessoas.

Voltar ao *momento zero* é simplesmente trazer para si o entendimento de suas circunstâncias, entender o poder dos seus pensamentos e saber lidar com os sentimentos para recomeçar a sua vida.

Quando nos conhecemos e deixamos aparecer essas habilidades adquiridas com o tempo, vemos que as mudanças de comportamentos são fundamentais para construírmos uma nova biografia em nossa vida. Para isso, é hora de agir para vencer.

As ações, nesse momento, partem de muita dedicação e de uma estratégia definida minuciosamente. Essa forma de agir só é possível pela dor que fez o seu pensamento não querer passar por tudo aquilo que o fez sofrer e chegar ao ponto de nunca mais querer viver. Isso mesmo, se não agirmos de forma estrutural, não teremos atitudes para sairmos dessa situação e alcançarmos a prosperidade.

O aprendizado que levamos quando temos esses tropeços nos certificam ainda mais que os próximos passos serão diferentes, fortes, eficazes e com mais sabedoria e consciência de que nossas futuras ações não dependerão somente de nós, pois contaremos com pessoas que deixamos para trás quando estávamos naquelas situações incômodas. Agora, é o recomeço de entender que são as pessoas que confiaram em você que estenderão suas mãos, pois serão convidadas a embarcarem nesta viagem em busca dos novos objetivos.

Momento zero

O quarto ponto para esse crescimento é justamente a *mudança dos comportamentos*.

Mudar os comportamentos não é fácil para ninguém. Temos que ampliar o nível de nossas atitudes e, diante do novo plano de ação, avaliarmos os setores que pertencem a nossa vida, valorizando os mais pessoais possíveis: família, saúde, profissional e bem-estar. Se não agirmos pensando em nós em primeiro lugar, não conseguiremos ter energia suficiente para chegarmos à próxima fase, que é o controle de nossas ações, pois precisamos acompanhar cada novo passo para que não fracassemos pela segunda ou terceira vez.

Quando acompanhamos nossa trajetória de perto, adquirimos conhecimentos e abrimos possibilidade de novos caminhos, talvez encurtarmos a nossa viagem rumo ao sucesso e, consequentemente, percebermos que somos mais inteligentes, emocional e racionalmente.

Essa mesma inteligência não estava no primeiro tropeço. Então, permita-se e deixe que o novo lhe ensine e o desenvolva. No futuro, você será exemplo para todas as pessoas que não acreditaram em você e afirmará que viveu cada momento com coragem e coração.

Capítulo 17

Reflorescer intensamente no EU na clínica comportamental da Psicologia

Sueli Teixeira

O Reflorescer dá a vida a sua plenitude, o Eu, como o Outro, mostra como podemos nos transformar em tudo que quisermos ser. Seguindo a metáfora do Reflorescer, melhoramos nossos modelos internos, para crescer e chegar na Flor e, para isso, precisamos cuidar de todos os nossos sentimentos e do desenvolvimento emocional. Seja Flor!!!

Sueli Teixeira

Psicóloga graduada pela UNIP – Universidade Paulista (2010). Pós-graduada em TCC (Terapia Cognitiva Comportamental), Terapia Familiar e de Casal pela Escola de Pós-graduação CEFATEF (2013). Especialização em Terapia EMDR. Especialização em Transtornos Alimentares pelo AMBULIN – Hospital das Clínicas. Transtornos dos Impulsos e Terapia Cognitiva de Compaixão pelo IPQ – Hospital das Clínicas. Formação em *Coaching*.

Contatos
www.reflorescer.com
psicologia@reflorescer.com
facebook: @reflorescerclinica
Instagram: clinica.reflorescer
(11) 2834-2024
(11) 99165-8441

Sueli Teixeira

> Depois que eu aprendi a olhar para dentro de mim, me conectar comigo mesma, me conhecer, me curar e transformar meus sonhos e objetivos em realidade, tornei-me uma pessoa forte e feliz, que há tempos era simplesmente impossível.
> **(depoimento)**

Quando falamos de reflorescer, falamos de autoestima, nos referimos ao sentimento de amor próprio, compreender que é a pessoa mais importante para você mesmo, permitindo assim o reflorescer intensamente no seu EU. É não se submeter ao controle do outro, permitir renunciar a tudo aquilo que não nos faz bem, que nos estagna e não nos ajuda em nosso crescimento interno.

Praticar o amor autêntico a si mesmo deve ser com autorrespeito, aprendendo a lidar com as emoções, sendo mais resistente às críticas, se desapegando de tudo aquilo que insistimos em manter, desrespeitando nossos próprios limites. Isso tudo interfere negativamente em nossas vidas e, por vezes, acaba nos surpreendendo com algumas lembranças fragmentadas do passado, nos assolando como fantasmas, de coisas que antes nos causavam tanto mal.

Construir o próprio caminho é uma vertente importante, usando seus recursos internos, dando voz à sua intuição e à sua criatividade. Assumir a responsabilidade pelo que acontece com você também é um ponto primordial, em vez de responsabilizar tudo e todos do mundo.

O importante é buscar o equilíbrio entre autoestima e autorrespeito, para ter a compreensão do que se está buscando e mudar um estado emocional de inferioridade, que faz sentir que nada está bom o suficiente para a realização de determinadas tarefas, como ser amado, aceito e/ou reconhecido como gostaria que fosse, refletindo na vontade implícita da capacidade de lidar com os desafios da vida.

Felicidade. Fé. Onde está sua fé? Para chegar à felicidade, que tal mudarmos um pouco nossos hábitos diante das incertezas e encontrarmos um lugar seguro? Às vezes não é a dificuldade que o faz sofrer, são os pensamentos negativos que fazem as coisas parecerem piores do que realmente são e, mesmo que esteja rodeado de incertezas, não se deixe aprisionar pelo desespero e as constantes ondas de negatividade. Acredite que você tem potencial para recomeçar e vencer qualquer adversidade. A vida é cheia de altos e baixos, que nos permitem refletir e aprender que vivemos momentos de dúvidas e questionamentos e que o segredo é nos dedicarmos à reflexão e a aprender com cada lição apresentada que sempre haverá a possibilidade de se alcançar novos horizontes. Porém, para isso, serão necessárias fé e iniciativa a cada novo dia. Todos nós precisamos de compreensão e apoio. Muitas vezes ainda que inconscientemente, quando oferecemos atenção, demonstramos que há interesse pelo outro. Essa é a melhor terapia para seu sofrimento, o simples desejo de ser amado pela acolhida e compreensão.

Transformarmo-nos e também todos os nossos relacionamentos. É acreditar de verdade em fazer mudanças, principalmente na forma de pensar e agir, assumindo responsabilidades pelas atitudes e escolhas do passado, e não somente pelas circunstâncias ou influências dos outros. Falar de uma mudança profunda, verdadeira, é compreender que todas as perguntas e respostas para seus problemas e questionamentos podem estar, na realidade, dentro de cada um. Mas sem negação e sem desespero, enxergando sua parcela de responsabilidade. Você é o único responsável por satisfazer suas necessidades emocionais. Pode ser preciso usar de aceitação, o que gera flexibilidade e adaptação, autovalorização, respeito, atenção e consideração a si mesmo. Talvez seja importante prestar atenção ao que sente, a fim de perceber suas reais necessidades e vontades. Ouvir-se e aceitar suas escolhas, confrontando-as com uma ou mais situações da realidade apresentada. É preciso tomar as rédeas da sua vida, responsabilizando-se por seus atos e possibilidades, ordenando o que pensa com o que sente, entendendo que nem tudo o que queremos podemos ter. As dificuldades aceitas com resignação serão o triunfo do bem maior e florescerão as mais belas flores do amor desejado. Agindo assim, perceberá o quanto tornou-se dono de si mesmo e como será mais fácil buscar o equilíbrio entre suas emoções e sentimentos.

Por vezes nos sentimos vitimizados das situações criadas ao nosso redor e as circunstâncias que tanto influenciaram a nossa imagem interna – construída por nós mesmos – causam um estado de insatisfação e medo inerentes. Culpamos ou responsabilizamos os outros por nossos fracassos e desacertos, desconhecendo nossas reais habilidades, desenvolvendo, assim, uma baixa autoestima, com pensamentos destrutivos e sentimentos negativos, que surgem dessa percepção. Também temos uma imagem negativa de como os outros nos veem, desenvolvendo um autoconceito fraco e inseguro, concluindo que não temos controle sobre os fatos da vida. Aqui entra o livre arbítrio no momento de fazermos nossas escolhas, visto que muitas vezes temos medo de sermos responsáveis pelos erros que eventualmente podem acontecer. No entanto, só arriscando podemos cada vez mais aprender com as experiências de nossas vidas, tomando as próprias decisões de forma segura e autêntica.

Estabelecer metas é fundamental para as nossas vidas, uma vez que nos fornecem direção que ajudam a melhorar nossa qualidade de vida e o senso de autorrealização, valorizando nosso potencial, ao investirmos em esforços para chegar aos objetivos idealizados.

Por vezes estamos envolvidos demais, preocupando-nos de forma excessiva com nossa incessante procura do amor. Em nossa cultura, as pessoas se preocupam muito mais em serem amadas do que em serem amorosas. Não podemos obrigar ninguém a nos dar amor, mas podemos fazer nossa parte, espalhando-o, amando o outro. Dessa forma, passamos pela transformação que tanto desejamos, mudando a nós mesmos. Quando isso acontece, somos a mudança que queremos e mudamos o mundo ao nosso redor. Existe um tipo de satisfação intrapsíquica ao compartilhar profundamente alegrias, tristezas, conhecimentos e experiências. Quando se alcança o sentido da unidade no outro, o EU amplia-se e a vida concebe uma experiência que nenhuma outra pode aproximar-se do seu Ser.

Tudo afeta tudo, o tempo todo. Não podemos ser felizes sempre, mas podemos viver incessantemente em estado de amor e de cuidados. Pequenos momentos de alegria compartilhada valerão a pena todas as dificuldades, ao criarmos novas oportunidades em uma maravilhosa riqueza afetiva.

Ser a mudança que desejamos inicia-se na capacidade de nos entendermos e também ao outro, na arte de saber ouvir e de devolver ao outro aquilo que é dele: as suas ideias e crenças.

O que faz a diferença nesse momento é a habilidade de enxergar as atitudes impensadas ou impulsivas do outro. Nesse momento, é importante entender que o silêncio será melhor que as palavras e demonstrar a sua educação, exigindo do outro respeito em primeiro lugar. Além disso, entender que o outro tem as mesmas dificuldades que você, o que há por trás do relacionamento emocional e como se formou ao longo do tempo.

Não existem duas pessoas iguais, não podemos dizer que conhecemos o outro, visto que somos estranhos muitas vezes até para nós mesmos. Aliás, nos conhecemos tão pouco que, às vezes, precisamos espiar pelos nossos arquivos mentais o que se passou e o seu significado. Todavia, nem sempre precisamos remexer nesse passado, que nos traz lembranças, às vezes ruins e medos possivelmente fantasiados. Somente quando aceitar a si mesmo como sendo o criador das próprias emoções, terá o poder para controlá-las.

Todas as experiências foram acumuladas no decorrer do tempo. Dependendo de tudo o que já vivenciamos, somos uma existência de cocriadores de tudo o que está acontecendo hoje, pelas escolhas que fizemos em um momento da nossa caminhada no passado.

Diante dos problemas que todo relacionamento tem, podemos ter algumas atitudes que farão a diferença entre nós, levando ao fim da relação ou à construção de uma relação saudável e duradoura, uma vez que felicidade conjugal não significa ausência de conflitos, mas sim saber resolvê-los. É preciso entender quais as atitudes corretas que devemos ter diante de um problema, para não permitir que os mesmos se acumulem e destruam a paz entre os dois.

Contudo, se continuar a culpar o outro por fraquezas e angústias não resolvidas, achando que as pessoas não agiram de acordo com o que esperava, o sentimento de apego o aprisionará e não o permitirá seguir em frente.

Colocar a mudança de vida em primeiro lugar é sentir-se livre, pois é libertador quando seguimos no sentido de não carregar mais mágoas, tristezas e rancores do passado em nossos corações. Liberdade é quando nos libertamos do outro, de termos vivido tanto o Eu do outro, enxergando o próprio EU, podendo nos perdoar, por ter ficado tanto tempo ligado a uma pessoa ou a um objeto e sentir-se leve como o vento.

Todo o aprendizado inicia-se com pequenos passos, para quebrar e criar novos paradigmas de valores e conceitos que temos em nosso inconsciente. Ao recomeçar uma nova fase, aceitando as ideias de inovações, compreendendo que nossas crenças e experiências influenciam a nossa percepção do todo cada vez que olhamos para alguém ou para algo, entendemos que temos um jeito particular de enxergar o mundo.

O desabrochar da consciência é um trabalho lento e contínuo, que nos leva a aproveitar o tempo, tirando o melhor do momento da nossa quietude e recolhimento interno, alimentando nosso desenvolvimento pessoal e de cura interior. Muitas vezes, por medo de sermos julgados, deixamos de fazer aquilo que tanto desejamos, nos calamos por preocuparmo-nos com o que vão pensar ou o que vão dizer. Aí percebermos que, por mais que tentemos, muitas vezes não conseguimos deixar de nos importar e sofrer com isso, com as cobranças externas criadas pela nossa cabeça.

Cometemos erros, temos pontos de melhoria e ficamos esperando o momento de estarmos prontos; na realidade, nunca estaremos. Estamos em constante processo de crescimento, aprendizado e, se ficarmos parados, com medo de expressar aquilo que pensamos, sentimos e queremos, baseado na suposição do que o outro irá pensar de mim, não andaremos um centímetro em nossa evolução interna.

Precisamos saber ouvir, estar junto ao outro, conversar. Afinal, o diálogo é a base de todo relacionamento feliz e duradouro. Sem este diálogo, não há como superar os atritos, que são naturais em todo relacionamento.

Trocar ideias é essencial, mas por vezes não conseguimos conversar e falar as nossas verdadeiras questões, o que a gente sente – os detalhes mágicos que poderiam transformar a relação, por mais simples e pequenos que pareçam.

Essa comunicação de nossos desejos, com a devida sabedoria, pode fazer com que o outro nos escute de verdade, lá de dentro, o que muitas vezes nem estava explícito. Podemos ter atitudes que farão a diferença entre nos levar à construção de uma relação saudável e duradoura ou ao fim. Para isso, devemos entender que somos responsáveis também pela boa comunicação, principalmente de nossos mais íntimos sentimentos.

É necessária uma transformação avançada do processo individual, avaliando as conquistas e dificuldades em sua vida e sua história, imaginando como será sentir uma conexão poderosa com seu corpo e o corpo do seu companheiro, ativar a força vital, despertar seu poder pessoal e transformar todas as relações, conquistando sua autoconfiança e encontrando seu EU verdadeiro, para sentir a completude.

Talvez não possamos realizar todas as transformações profundas com a mesma desenvoltura de tempos atrás. Mas

Momento zero

a experiência nos leva a outro patamar, em que podemos vislumbrar resultados específicos – entendendo o que queremos e o que não queremos. Esse é um enorme passo no querer e na aceitação de como podemos fazer os ajustes. Daí a necessidade de inteligentes processos internos.

Para reflorescer, precisamos alterar os processos internos. Seguindo essa metáfora, cuidando da terra, do plantio da semente, da água, do cuidado, do crescimento da planta, para que tenha saúde vigorosa e chegue a florir. Quando recomeçar, acredite que pode tudo, não se anule.

Para chegar a ser a flor, precisamos realmente cuidar de todos os nossos sentimentos.

Seja a flor.

A gratidão traz alegria à vida.

Capítulo 18

Sucesso: os processos da mente na tomada de decisão

Wayne Porto Colombo

Quais processos mentais você utiliza para tomada de decisão? Em meio ao turbilhão de informações, consegue ver com clareza as variáveis e as derivadas envolvidas no tema em questão? Acompanhe-me neste capítulo e entenda mais sobre decisões.

Wayne Porto Colombo

O autor é empresário nos ramos da Educação Corporativa, Programação Neurolinguística e Indústrias Químicas. Possui extensa formação em PNL, com especializações internacionais em Modelagem de Excelência, Panorama Neurossocial, Transformação Essencial, *Coach* Generativo, Focalização, *Mindfulness* e Hipnose Ericksoniana. Possui ainda formação internacional em Constelações Estruturais e Constelações Organizacionais. Fundador do Instituto Nacional de Modelagem Mental, onde promove cursos de formação em Modelagem de Excelências e atua codificando algoritmos de sucesso em pessoas que possuem excelência em seus campos de atuação, como empreendedorismo, vendas, esportes de alta *performance*, música e outros. Onde há um resultado excelente, há um modelo a ser estudado. Conheça mais no site www.modelandomestres.com.br. Nas empresas, atua na sucessão familiar por meio da Modelagem Corporativa Cultural do Fundador bem como na Construção de RH e Liderança Sistêmica.

Contatos
www.modelandomestres.com.br
wayne@modelandomestres.com.br
Instagram: @modelandomestres
(16) 98150-2228

> Estudos têm demonstrado que pessoas bem-sucedidas tomam decisões depressa porque não têm dúvidas a respeito dos seus valores e do que realmente desejam para suas vidas.
> **(Anthony Robbins)**

Rotineiramente, decisões são tomadas. As decisões são a base de tudo que acontece em nossas vidas. Consciente e inconsciente, decidimos sobre absolutamente tudo. Voluntária ou involuntariamente, as decisões nos mantêm vivos, alerta, ativos, ou nos colocam em doenças, desatenções e, algumas vezes, no leito de morte. Vale lembrar sempre que decisões são processos matemáticos.

Toda decisão é uma escolha matemática, derivada e probabilística sistemática não aleatória, na qual a "escolha" é o exato produto de uma equação que representa, estatisticamente, a maior chance de sucesso. Lembremos que, em Matemática, a derivada é o ponto de uma função que representa a taxa de variação instantânea de algo em relação a este ponto, ou seja, a derivada representa o quanto um tema em questão pode sofrer alterações instantâneas em função de outras diferentes variáveis.

Tais equações matemáticas ainda possuem influência direta da "diferencial", valendo-se de valores e princípios que trazemos como bagagem moral e ética em nossas vidas. Moral e ética nas tomadas de decisões equivalem à diferencial por serem variáveis independentes. Ou seja, simplificando a equivalência entre processos matemáticos e tomada de decisão, a moral e a ética são valores que influenciam no processo decisório, porém independem das variáveis representadas pelas derivadas. A intenção não é confundir, antes sim, evidenciar que, por mais que tenhamos processos decisórios rápidos, a equação é complexa e muitas variáveis são combinadas para gerar um resultado mais próximo possível do desejado.

As tomadas de decisões podem ser simples, como escolher entre um chiclete de *tutti-frutti* ou menta. Isso irá requerer poucas contas, poucas variáveis, pouca complexidade. No entanto, a pouca complexidade hoje se deve a uma enorme quantidade de experimentações e registros feitos na memória ao longo de anos. Tanto quanto poucas contas e variáveis, não podemos esperar que o impacto de uma decisão dessa natureza seja de grande relevância para nosso futuro imediato ou de longo prazo. Aquilo que chamamos de grandes decisões na vida, irão requerer complexa avaliação das interferências que iremos causar para nós mesmos e nos demais, a curto, médio ou longo espaço de tempo.

Aqui começamos a diferenciar algumas coisas interessantes.

- Pessoas que não decidem facilmente;
- Pessoas resolutas.

Sobre pessoas que não decidem facilmente

Você já conheceu alguém que sofre para tomar decisões de qualquer magnitude? Já se deparou com pessoas que, na fila para se servir em um restaurante *self service*, ficam olhando e pensando nas combinações de sabores, nos desejos, nos cheiros, na "cara" dos alimentos? Já viu pessoas que pegam todos os pegadores disponíveis e reviram tudo que tem na pista fria e quente de um restaurante e, de repente, se servem sempre das mesmas poucas coisas? Pessoas que são interrogadas sobre o que desejam beber e perguntam tudo que tem disponível. Depois de ouvir a lista infindável de combinações de frutas tropicais, pedem uma coca zero. Já viram isso?

Já notaram pessoas que ficam no cinema, olhando todos os cartazes de filmes em exposição e não conseguem escolher um porque tem que escolher entre dublado, às 20h, na sala 01, ou legendado, às 20h15, na sala 03? Pipoca. Não conseguem decidir se querem o mega gigante ou o balde sem fim e acabam pedindo uma pipoca média. Já viu isso?

O mais sensacional é a fila de restaurante japonês *self service*. Ali você encontrará as maiores dificuldades de decisão do ser humano. Alguns inclusive não sabem nem por que decidiram entrar na fila de um restaurante japonês, quem dirá escolher entre 79 *sushis* diferentes, 43 *niguiris*, 30 tipos de frituras dentre tantas outras delícias lá disponíveis.

Esses são exemplos cotidianos e divertidos que não ofendem e servem para nos clarear sobre quanto tempo perdemos por não sermos capazes de ser decididos, por não nos ouvirmos e não nos sentirmos plenamente. Essas distrações e falta de decisão com coisas simples são sinais evidentes de algo que a ciência tem mostrado com grande clareza sua eficácia. A atenção plena é a solução mais simples e eficaz para situações cotidianas que necessitam de respostas rápidas. Conhecer-se e sentir-se são importantes ferramentas para se decidir sobre qualquer tema.

Algumas pessoas já ouviram uma história – que não me interessa se é lenda ou não – de que o Steve Jobs só usava camiseta preta e calça jeans para não perder tempo com coisas que não tinham valor algum. Ter que escolher entre combinações de cores de calças e camisetas pode ser algo complicado para certas pessoas. Imaginem a quantidade de variáveis na seguinte decisão: combinar a cor da calça com a cor da meia com a cor do calçado com a cor da camisa (ou camiseta?) com a cor do relógio com a cor da blusa (ou blazer?) com a cor do cinto e com o perfume que deixe tudo isso harmônico. Uauu! Uma tarefa quase impossível para algumas pessoas.

Acredito que gostamos de nos vestir bem, limpos e confortáveis. Adequados para nossa necessidade pessoal, do dia e dos afazeres. Deveríamos, portanto, ser práticos e pragmáticos nessas escolhas. Decidir é um processo que se aprende e se aprimora, quanto mais decisões você tomar.

> "Nossa liberdade fundamental é o direito e o poder de decidir como qualquer pessoa ou qualquer coisa fora de nós nos afetará."
> **(Stephen Covey)**

Para se viver mais levemente a rotina, por vezes desgastante, a prática do *Mindfulness* – ou Atenção Plena – é a mais prática sugestão que decidi compartilhar com vocês. Com ela, sentir passa a ser uma rotina. Você vai substituindo gradativamente o "deixe-me pensar" por um "eu sinto que...".

Sentir que a camisa roxa com a calça bege ficará bem em você hoje será uma decisão simples, rápida, natural. E não um processo cansativo de solucionar, uma equação matemática. A decisão pelo sentir passa para um estágio avançado de processamento no qual o resultado é o bem-estar pessoal.

No filme *Operação Dragão*, de 1973, do mestre do *kung fu* Bruce Lee, em uma das passagens, ele ensina seu discípulo a dar um golpe. Ao perceber que o estado emocional do discípulo estava coerente, correto, ele pergunta: "o que você sentiu?".

Momento zero

O discípulo respondeu: "deixe-me pensar...". Imediatamente Bruce Lee chamou sua atenção e disse: "eu pedi que você sentisse e não pensasse".

Aprender a sentir a si mesmo é um processo de reconexão que está sendo ignorado por muitas pessoas. Um forte movimento é percebido neste momento, relativo à busca dessa reconexão. Eu consigo e recomendo a reconexão pessoal, com duas técnicas principalmente: *mindfulness* e hipnoterapia. Que tal decidir agora por conhecer as técnicas?

> "É nos momentos de decisão que seu destino é traçado."
> **(Anthony Robbins)**

Pessoas resolutas

Com base na frase de Anthony Robbins, chamo a atenção para um fato sobre o poder da decisão. Você só toma uma decisão quando seu comportamento muda de fato. A decisão pode ser identificada pelo que chamamos de ponto de inflexão na matemática.

O ponto de inflexão é o instante exato que uma variável muda sua direção. A decisão é algo que se toma em uma fração de segundos, porém se viverá por um longo período. É um instante transformador.

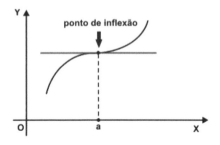

Para clarear mais, busquemos as reflexões de Aristóteles sobre o tempo, no livro 4 da Física, quando diz ser um tema aporético. No tempo, temos a unidade fundamental chamada instante e os instantes não podem coexistir, sendo o instante por definição, solitário e excludente de qualquer outro. É, portanto, impossível a coexistência de dois instantes em um só.

Agora entendamos a tomada de decisão sob essa ótica. Se um instante é excludente de qualquer outro, temos a seguinte situação a avaliar: um instante fica permanente e presente e não se torna passado, e o que não se torna passado é aquilo que é eterno, quando não se decide por outro instante que o exclua em definitivo. Portanto, tomar decisões é ser capaz de criar instantaneamente um passado, no presente. É registrar instantaneamente na história algo diferente do que se vive no presente.

Pessoas que não conseguem tomar decisões vivem sempre a mesma situação, sonhando com o que poderiam ser, ter ou fazer no futuro, se as coisas fossem diferentes. Quem não toma decisões mantém o *status quo* de uma rotina que não mais atende suas necessidades. Se as necessidades estivessem sendo atendidas a contento, não seria necessário se decidir por algo em sua substituição, uma vez que nessa equação temporal uma decisão equivale a um instante e todo novo instante é excludente de outro instante preexistente.

Os exemplos são baseados em pessoas que agem com sanidade mental, moral e ética na sua melhor definição. Já conheceu pessoas que decidem comprar um carro e compram? Já conheceu pessoas que decidem que vão mudar de casa e mudam? Já conheceu pessoas que decidem que vão desistir de sofrer em um relacionamento e realmente desistem?

O que é fato e que essas pessoas resolutas estão fazendo é registrar em sua história, em seu passado, um momento que foi substituído por um instante. Elas registram em suas vidas o ponto de inflexão em que o momento até então vivido foi substituído num instante por outro. Fazem isso com naturalidade, pois não se apegam no que estão vivendo, mas sim no que desejam viver.

Pessoas resolutas são mais conectadas consigo mesmas, sentem mais do que pensam. Percebem-se. Possuem uma inteligência generativa capaz de construir o novo a partir do Poder da Decisão.

É importante frisar que, em toda ocasião que duas ou mais situações se apresentarem, você tomará uma decisão. Um dos pressupostos sobre tomada de decisão é que "é impossível não decidir". Uma decisão não tomada é tomar a decisão por não se decidir.

Esses são os dois casos mais comuns sobre o momento da decisão: pessoas que não conseguem decidir facilmente e pessoas resolutas. Há ainda outros pontos a se considerar sobre esse tema, visto que há pessoas que são instáveis sobre suas decisões e há pessoas que são inconsequentes sobre suas decisões, colocando em risco sua vida, sua saúde financeira, familiar e física. Para essas

Momento zero

situações, uma variável a ser estudada em um novo texto será o discernimento como variável de uma boa decisão.

Até que nos encontremos, desejo tudo que seja verdadeiro, tudo o que seja honesto, tudo o que seja justo, tudo o que seja puro, tudo o que seja amável e tudo o que tenha boa fama em sua vida.

Um fraternal abraço.